O educador

Sérgio Haddad

O educador

Um perfil de Paulo Freire

todavia

Para Celso Beisiegel e Nilton Fischer
in memoriam,
com quem aprendi e dialoguei sobre Paulo Freire.

Para Tomás e Nina, meus netos,
com quem exercito a pedagogia da esperança.

Apresentação 9

1. "Um criptocomunista encapuçado sob a forma de alfabetizador" 13
2. Elza Maia Costa de Oliveira 27
3. "A dureza da vida não deixa muito para escolher" 37
4. Uma enorme lata de Nescau 52
5. "Hoje já não somos massa, estamos sendo povo" 62
6. "Viva o oxigênio!" 76
7. Ninguém educa ninguém 90
8. Uma caixa de Sonho de Valsa 106
9. África: o limite da utopia 118
10. "As universidades deveriam correr para contratá-lo" 135
11. Reaprender o país 146
12. "Nós acreditamos na liberdade" 189
13. "Minhas reuniões com Marx nunca me sugeriram que parasse de ter reuniões com Cristo" 211

Referências bibliográficas 229
Lista de pessoas 235
Créditos das imagens 251

Apresentação

Este livro começou a ser construído em agosto de 2017. Naquela oportunidade seu objetivo era o de colocar na mão das leitoras e dos leitores um texto simples, introdutório, mas que ao mesmo tempo fosse cuidadoso em seu conteúdo e na maneira de tratar os principais fatos da vida e da obra do educador Paulo Freire.

A motivação vinha por dois lados: uma conjuntural e outra de natureza pessoal. A primeira propunha oferecer um material acessível em conteúdo e forma para um conjunto de pessoas que, não conhecendo o educador, quisesse um texto que fosse a porta de entrada para um entendimento mais aprofundado sobre o biografado. Percebia, no momento em que a sociedade brasileira estava cindida e que se acirravam as posições políticas, que Paulo Freire havia sido levado ao centro de um debate que se dividia entre amor e ódio. Surpresa não foi só percebê-lo nessa posição, já que andava um tanto esquecido do debate público nos últimos anos, mas sim a desinformação sobre o educador, a utilização de argumentos para defendê-lo ou atacá-lo sem qualquer fundamento válido. Seria importante, então, produzir algo que suprisse essa necessidade para setores da sociedade que se mostravam interessados em saber mais e ter argumentos para compreender e participar do debate, que não fossem apenas do mundo da educação, e que, de alguma maneira, precisavam conhecer o educador.

A segunda motivação era de natureza pessoal: queria estudar Paulo Freire de forma sistemática e em profundidade. Como educador popular, professor em escolas de Educação de Jovens e Adultos (EJA) ou na minha carreira universitária, sempre li Paulo Freire para o meu trabalho, mas nunca havia dedicado um ano para estudá-lo. Valeu a pena, aprendi muito.

Mas havia uma outra motivação, ou melhor, um desafio nesta empreitada: escrever uma biografia. Depois de anos escrevendo artigos para o mundo acadêmico, com suas regras e amarras, ou elaborando textos como ativista, que também têm suas liturgias, me aventurei num romance histórico (*Apartamento 34*) no qual pude exercer toda a liberdade possível na escrita, além de me deixar levar pelos personagens. O desafio agora era outro: não havia espaço para imaginação. Logo nos primeiros capítulos fui questionado pelo meu editor com a pergunta: "De onde você tirou isso?". Ele se referia a um trecho em que eu havia dado "asas à imaginação", colocando sentimentos para dar um sabor especial ao que estava escrevendo, mas que não podiam ser comprovados. Lembrei-me então de que uma biografia exige veracidade na informação e que meus limites eram muito estreitos para construir um texto que tivesse características de literatura e que, ao mesmo tempo, fosse fiel aos fatos. Aprendi que não é fácil fazer uma biografia e passei a admirar aqueles e aquelas que se dedicam a produzi-las.

Outro desafio foi situar meu trabalho em meio a tantos e tão importantes estudos já realizados sobre Paulo Freire. Quando pensei neste projeto anos atrás, queria escrever "a biografia", aquela que pudesse contemplar todos os fatos, sentimentos e atos do biografado. Logo percebi que, pelas características de Paulo Freire, seria um trabalho exaustivo, longo, que exigiria muitos recursos e dedicação, além de ter que encontrar editoras que se dispusessem, nestes tempos de crise financeira, a assumir o projeto. Decidi, então, em comum acordo com meu editor, por um livro com as características e os objetivos descritos antes.

Havia, por sua vez, mais um obstáculo: frente aos inúmeros trabalhos já publicados, como não acabar escrevendo apenas mais um, repetitivo, sem cara própria, sem novidades? Com o tempo, fui acalmando minha alma, porque nunca é demais escrever sobre Paulo Freire, sempre há o que ser dito, sempre há novas visões e interpretações, e isso é consequência da riqueza da sua vida e da sua figura humana. Além do mais, as motivações que inspiraram o texto e o seu lugar entre tantos outros mostravam-se adequados tanto pelos grupos de leitura da obra, formados ao longo da sua produção, validando forma e conteúdo, quanto pelo agravamento da conjuntura política que fez de Paulo Freire um personagem cada vez mais debatido na história do nosso país.

Não posso deixar de agradecer às pessoas que dedicaram o seu tempo e o seu conhecimento para me ajudar a escrever este trabalho. Às leitoras e leitores críticos: Denise Eloy, Fernanda Nascimento, Gal, Babi, Jana, Gabi, Leôncio, Regina Costa, Ivone Domingues, Maria Eugênia Letelier, Pedro Pontual, Marilena Nakano e Kimiko Nakano, que tanto contribuíram com sugestões para o livro. Ao João Ribeiro, que me acompanhou nesta jornada corrigindo os meus erros, conversando sobre o conteúdo dos capítulos, me estimulando para o trabalho. À minha família pela compreensão, respeito e estímulo, permitindo que eu dedicasse muitas das minhas horas, que seriam de convivência, ao trabalho de pesquisar, entrevistar e escrever.

Ao Pedro Marques, à Janaina Uemura e à Gabriela Zeppone, que me auxiliaram com a pesquisa para escrever o livro, mas também com opiniões e leituras críticas, sempre de maneira oportuna, meu obrigado especial.

Ao Instituto Paulo Freire, na figura de Moacir Gadotti, pelo acesso a documentos e imagens.

À Madalena Freire (Madá) por abrir as portas para este trabalho, apoiando no que foi possível.

À Ana Maria Araújo Freire (Nita), pelo estímulo, além da disponibilização de documentos e fotos sobre a vida de Paulo Freire.

Aos meus colegas da Ação Educativa e da Universidade de Caxias do Sul pelo apoio e permanente incentivo.

Agradeço ao CNPq e à Fapesp pelos recursos concedidos para a pesquisa.

Finalmente, ao meu editor Flávio Moura e à equipe da Todavia, essa jovem editora que em tão pouco tempo já é uma referência, agradeço o profissionalismo, o apoio e as aprendizagens que pude ter no processo de elaboração deste livro.

I.
"Um criptocomunista encapuçado sob a forma de alfabetizador"

Quando os militares tomaram o poder em 1º de abril de 1964, depondo o então presidente João Goulart, Paulo Freire vivia com a família em Brasília, a serviço do Ministério da Educação e Cultura (MEC). Envolvido com o trabalho de formação de professores em Goiânia, era sua assistente, Carmita Andrade, quem o mantinha informado sobre a intensa movimentação política na capital. Apenas dois dias antes, Carmita havia sugerido que ele voltasse a Brasília de imediato, porque as tensões pareciam se agravar decisivamente. Retornado às pressas, Paulo se surpreendeu ao procurar Júlio Furquim Sambaqui e ser convidado a acompanhar a leitura de uma conferência que o ministro daria dali a alguns dias. O chefe queria sua opinião. Incrédulo com a ingenuidade de Sambaqui, Paulo o alertou para o que lhe parecia um quadro de grave instabilidade institucional — e para a improbabilidade de ocorrer qualquer nova atividade do governo que representavam. No dia seguinte, os militares se instalariam no poder.

O ambiente político tornou-se tenso, com notícias desencontradas de todos os lados: Haveria resistência da população? O governo deposto conseguiria reagir ao golpe de Estado? Diante do clima de insegurança e da incerteza sobre seu futuro no ministério, Paulo pediu à mãe que levasse os filhos dele para Recife, onde mantinha uma casa. Providências tomadas, ele e a esposa, Elza, permaneceram em Brasília, levando uma vida reservada na casa de amigos. Queriam ser notados o mínimo possível.

Com lançamento previsto para 13 de maio, o Programa Nacional de Alfabetização seria extinto em 14 de abril, treze dias depois do golpe militar. O novo governo aproveitou a ocasião para fazer duras acusações ao trabalho que Paulo e sua equipe vinham desenvolvendo; apontaram o material didático produzido como contrário aos interesses da nação e acusaram seus autores de querer implantar o comunismo no país. Acabava ali o sonho de lançar 60 870 Círculos de Cultura para alfabetizar 1,8 milhão de pessoas ainda em 1964, 8,9% do total na faixa de quinze a 45 anos que não sabiam ler nem escrever. A preocupação maior de Paulo era agora com o imponderável, um futuro incerto e perigoso para ele e sua família diante de tais acusações e do clima de perseguição política que se instalara.

Ao extinguir o Programa Nacional de Alfabetização, os militares respondiam às pressões de parcela conservadora da sociedade brasileira que atacava e desqualificava o trabalho de Paulo Freire. As denúncias passaram a ser instrumento de luta dos partidos políticos que apoiavam o golpe contra as siglas ligadas ao ex-presidente João Goulart. Paulo viu sua situação se tornar cada vez mais complicada.

Na Câmara dos Deputados, políticos conservadores se revezavam na condenação permanente de seu método de alfabetização. Em 18 de abril, o deputado Emival Caiado, do partido conservador União Democrática Nacional (UDN), denunciou Mauro Borges, então governador de Goiás e aliado do ex-presidente Jango, de implantar o comunismo no estado: "O método comunizante do sr. Paulo Freire teve entusiástica acolhida do governo goiano. O sr. Mauro Borges deu total e completa cobertura a órgãos estudantis dominados por comunistas". Caiado concluiu, aos brados: "Não creio que em nenhum outro estado o comunismo tenha se infiltrado tanto!".

Intensamente debatido como uma questão social das mais relevantes, o analfabetismo exigia dos militares uma resposta rápida, algo concreto que pudesse ser contraposto ao que vinha sendo feito nos anos anteriores. Em 15 de maio, os jornais *Folha de S.Paulo* e *O Estado de S. Paulo* repercutiram a proposta apresentada pela vereadora paulistana Dulce Salles Cunha Braga ao novo ministro da educação, Flávio Suplicy de Lacerda. Figura ativa na articulação do golpe, a advogada e professora afirmava poder erradicar o analfabetismo no Brasil em apenas oito meses. Denominado "Alfabetização para massas", seu método teria se mostrado bastante eficiente ao ser aplicado a partir de veiculação na rádio Record, no estado de São Paulo. Dulce propunha, com base nessa experiência, uma cartilha a ser distribuída pelo MEC, com apoio radiofônico do programa *A voz do Brasil*, a fim de alcançar todo o território nacional. Segundo o jornal *O Estado de S. Paulo*, uma nova versão da cartilha já estaria pronta para divulgação imediata, com leituras retiradas do "ideário democrático, numa espécie de réplica ao modelo comunizante do método Paulo Freire". O ministro Suplicy de Lacerda respondeu que analisaria a proposta com atenção e que logo se manifestaria.

Ao mesmo tempo, também o debate sobre o voto do analfabeto voltou à tona nos meses que se seguiram ao golpe militar. Em um país que historicamente proibia o voto aos iletrados, o Programa Nacional de Alfabetização representava uma ameaça aos redutos políticos cativos nas eleições seguintes. Em Sergipe, por exemplo, o Programa permitiria acrescer 80 mil eleitores aos 90 mil já existentes. Da mesma forma, em Recife, a iniciativa praticamente dobraria a quantidade de eleitores, elevando de 800 mil para 1,3 milhão o número de títulos. Projetados no cenário nacional, os exemplos demonstravam como o método do professor Paulo Freire, que propunha alfabetizar um iletrado em 40 horas, poderia alterar a correlação das forças políticas.

Como o programa de alfabetização, a questão do voto dos analfabetos também estava em debate e exigia uma resposta do novo governo. O marechal Humberto de Alencar Castello Branco, primeiro militar a assumir a presidência depois do golpe, encaminhou ao Congresso Nacional uma proposta de mudança tímida, que estendia o voto aos iletrados apenas nas eleições municipais — e de maneira facultativa. Ainda assim, a proposição foi derrotada, em parte pelo pouco empenho da bancada governista, fazendo crer que a medida era mero jogo de cena.

Em sua edição de 30 de junho de 1964, o jornal *O Estado de S. Paulo* publicou um artigo de Antônio Bernardes de Oliveira, médico, professor universitário e membro da Sociedade de Medicina e Cirurgia de São Paulo, intitulado "O voto do analfabeto, um desserviço à Nação". O autor argumentava que tal possibilidade "só pode interessar ao demagogo e ao oportunista sem escrúpulos; não corresponde a nenhuma aspiração nacional; anula e avilta o voto consciencioso e de qualidade; compromete o regime; afasta as elites legítimas; reduz o papel dos partidos; convida ao suborno; nivela por baixo". Sobre o método de Paulo Freire, em sua opinião adotado pelo governo deposto apenas para ampliar o colégio eleitoral, Bernardes de Oliveira dizia não passar de "uma manobra para alcançar dois escopos, uma intensiva propaganda comunista e a eclosão de uma invencível força eleitoral de índole facciosa onde a demagogia teria as portas abertas".

Em Brasília, Paulo assistia a tudo com discrição. Elza já havia voltado para Recife para ficar junto aos cinco filhos do casal — Madalena, a mais velha, com dezoito anos, seguida por Cristina, Fátima, Joaquim e o caçula Lutgardes, então com cinco anos. Através de um intermediário com contatos entre os militares, Paulo sondou o então chefe do Gabinete Militar, o general Ernesto Geisel, e o general Antônio Carlos Muricy, comandante da 7ª Região Militar, se haveria algum impedimento para que deixasse Brasília e se juntasse à família. Quando soube que não, embarcou imediatamente para Pernambuco.

Chegando em Recife, tratou de retomar suas atividades acadêmicas e seus escritos, que havia deixado de lado com a mudança para Brasília. Paulo conquistara alta visibilidade a partir de 1963, quando encampou uma experiência de alfabetização em Angicos, no Rio Grande do Norte, trabalho desenvolvido com a equipe do Serviço de Extensão Cultural (SEC) da Universidade de Recife. Ali, trezentos jovens e adultos participaram de seu processo de alfabetização em 40 horas. Amplamente propagandeados pelo governo estadual, os bons resultados levaram João Goulart a se deslocar de Brasília até o interior potiguar para participar do encerramento do curso. Com o sucesso e a repercussão da iniciativa, Paulo foi convidado pelo Ministério da Educação e Cultura a estender o trabalho para todo o país. Aceitou a proposta e se mudou com a família para Brasília. Em junho de 1963, começou a trabalhar na formação de futuros coordenadores dos núcleos de alfabetização, que seriam implantados em praticamente todas as capitais. Só no estado da Guanabara, cerca de 6 mil pessoas se inscreveram naquela ampla mobilização nacional pela educação, que seria interrompida pelos militares em abril do ano seguinte.

De volta a Recife, Paulo se apresentou voluntariamente à Secretaria de Segurança Pública e constatou que não havia qualquer ordem de prisão contra ele. Foi informado, no entanto, de que poderia ser chamado para depor a qualquer momento.

O clima de intimidação era geral. As universidades e demais instituições de ensino público seriam afetadas diretamente pelos Atos Institucionais, que davam poder aos militares a partir de comissões de investigação instauradas para averiguar opositores, cassar mandatos políticos, destituir de cargos e retirar o direito ao voto. Com o objetivo declarado de voltar a integrar os alunos "na sua tarefa precípua de estudar e os professores na sua missão de ensinar", as medidas estabeleciam um rígido controle sobre o universo estudantil com a pretensão de coibir os crescentes protestos e manifestações.

Atendendo às orientações impostas pelo Ato Institucional nº 1, de 9 de abril de 1964, João Alfredo, reitor da Universidade de Recife, em que Paulo trabalhava, convocou uma reunião do Conselho Universitário para o dia 27 de abril. Decidiu-se instalar uma comissão de professores para apurar responsabilidades de docentes e servidores na "prática de crime contra o Estado e seu patrimônio, a ordem política e social, ou atos de guerra revolucionária", conforme rezava a portaria. Essa comissão deveria abrir rapidamente sindicâncias e analisar documentos a fim de elaborar relatórios para o reitor.

Paulo foi interrogado sobre sua atuação na universidade. A comissão solicitou que os esclarecimentos necessários à sua defesa lhe fossem passados por escrito. Os dias seguintes foram dedicados a produzir um documento descritivo de seu trabalho, em resposta às dezoito perguntas encaminhadas a ele. Paulo aproveitou para tecer considerações pessoais, indignado com a evolução dos fatos na instituição de ensino e no país. O documento seria entregue no dia 25 de maio.

Ao esclarecer que atuava no SEC desde sua implantação, em 1962, Paulo chamava a atenção para o fato de ser amigo do reitor, a quem tinha o dever de lealdade: "Aprendi com meu pai e com minha Igreja que a lealdade, a coragem e a honradez, a retidão não podem ser desprezadas pelo homem, sob pena de se desprezar a si mesmo, e deixar de já ser homem". O documento respondia às perguntas enumerando as atividades realizadas nos dois anos anteriores. Paulo mencionou que havia sido convidado pelo então ministro Paulo de Tarso para coordenar um programa nacional de educação para adultos, e não simplesmente de alfabetização. E que entendia o convite como honroso não só para ele, mas também para a universidade. Por isso havia exigido que o trabalho ocorresse por meio do SEC, em convênio do ministério com a Universidade de Recife, na qual continuaria com suas pesquisas regulares.

Em relação às críticas da imprensa recifense sobre suas atividades, tachadas de subversivas ou propagadoras de ideias contrárias ao regime democrático, respondeu que não só tinha conhecimento do que se dizia na cidade "mas também em todo o Brasil e que a leitura dessas críticas lhe servira para fazer um verdadeiro curso de como se pode, por ignorância, má-fé, ou outras coisas quaisquer, distorcer o pensamento dos homens". Em contrapartida, destacou a valorização e o apoio ao trabalho do SEC em artigos e depoimentos de nomes como o do sociólogo Gilberto Freyre e do professor Walter Costa Porto. Paulo fez referência também à Comissão de Educação e Cultura da Câmara dos Deputados, em Brasília, onde estivera para dar uma conferência que, seguida de debate, gerou muitos elogios ao seu trabalho. Todas essas pessoas, observou, não eram comunistas nem estavam interessadas em comunizar o país — e justamente por isso apoiavam o que estava sendo feito. Escreveu que não podia deixar de rir quando o acusavam de "lavador de cérebros", pois a essência da sua teoria pedagógica era alérgica a regimes totalitários: "Nego, pois, a veracidade das acusações assacadas contra o SEC, anteontem, ontem e hoje. Nego que o SEC [...] exerça atividades subversivas ou contrárias ao regime democrático. Horroriza-me o assanhamento destas acusações".

Em suas considerações finais, Paulo faria uma defesa intransigente da alfabetização de adultos. Escreveria:

> Há até quem diga que não adianta alfabetizarmos esses 36 milhões de brasileiros porque talvez "papagaio velho não aprende a ler". Como se estas legiões de analfabetos não constituíssem, para nós, seus irmãos letrados, uma prova de nosso desamor. De nossa incúria. De nosso fracasso. Nunca pretendemos ser os donos da alfabetização nacional. Há analfabetos demais. [...] Se tudo o que dissemos

em nossa defesa pessoal e na defesa do SEC a ninguém convencer, paciência. Salvem-se, porém, os analfabetos.

Entregue o documento, Paulo ficou à espera do parecer da comissão e de como o Ministério da Educação e Cultura reagiria frente ao declarado. Cerca de três semanas depois, em 16 de junho, dia do aniversário de Elza, estava em casa trabalhando na reescrita para publicação de sua tese *Educação e atualidade brasileira* quando dois agentes bateram à sua porta e pediram para que os acompanhasse. Sem imaginar o que viria, vestiu-se, tomou um café, despediu-se da esposa e seguiu com os policiais. No trajeto, passaram pela Secretaria de Segurança Pública, pela polícia e de lá seguiram para o quartel do 4º Exército. Apresentado ao capitão de plantão, foi fichado e detido — sem nenhuma peça de roupa ou objeto de higiene pessoal, nenhum livro para acompanhá-lo. Paulo não tinha imaginado que de fato pudesse ser preso.

Duas semanas depois, em 1º de julho, prestou novo depoimento sobre suas "atividades subversivas antes e durante o movimento de 1º de abril, assim como suas ligações com pessoas e grupos de agitadores nacionais e internacionais", agora em inquérito policial militar chefiado pelo tenente-coronel Hélio Ibiapina Lima. Duro nos interrogatórios, em 2014 Ibiapina Lima foi apontado no relatório final da Comissão Nacional da Verdade, junto a outros 376 agentes do Estado, por violação dos direitos humanos e crimes cometidos durante o regime militar.

O tenente-coronel iniciou o interrogatório pela formação e pelas atividades profissionais de Paulo; questionou-o em seguida sobre inúmeros autores e seus métodos pedagógicos: Dalton, Montessori, Mackinder, Decroly, Kilpatrick, Petersen, Cousinet, Laubach, Alfredina de Paiva e Souza, sintético, analítico-sintético... Surpreso, Paulo respondeu sobre aqueles que conhecia, afirmou que, em sua maioria, eram integrantes de uma pedagogia moderna, defensora de uma educação ativa na qual o educando pudesse superar a passividade característica da escola antiga e assumir uma posição participante em seu aprendizado.

Na sequência viriam perguntas para testar seu conhecimento específico sobre os autores e métodos apresentados, os resultados que produziram, onde foram aplicados. Depois, sobre sua avaliação dos sistemas de ensino adotados pelo Exército dos Estados Unidos e do Brasil a partir de 1941. Em seguida, Paulo foi questionado sobre a diferença entre sua visão pedagógica e a perspectiva de cada um dos outros educadores citados. E, finalmente, sobre o seu método de aprendizado — destinava-se apenas à alfabetização ou ao ensino de maneira geral?

Em relação ao último questionamento, Paulo se deteve mais pacientemente, explicando com didatismo para Ibiapina Lima que sua principal preocupação era educar, e não só alfabetizar. Esclareceu que era um método baseado no diálogo, que abordava situações da vida cotidiana e pretendia fazer com que os alunos se tornassem pessoas ativas a partir das discussões sobre o contexto em que viviam. Descreveu os procedimentos para a escolha das palavras, o modo como elas eram decompostas em sílabas que depois se juntavam em outras combinações para construir novas palavras. Para concluir, disse que todo seu trabalho educativo se fundava no absoluto respeito ao ser humano e que o importante era educar, não doutrinar.

Nesse momento do inquérito, tendo ouvido Paulo com atenção, Ibiapina Lima tornou-se mais agressivo; perguntou como ele poderia se considerar um educador se demonstrava desconhecer parte dos teóricos citados. Paulo argumentou que não lhe cabia julgar a si próprio e que não tinha nada a acrescentar sobre os demais autores.

O tenente-coronel então fez referência à duração do método de alfabetização de Paulo Freire, questionou o porquê das 40 horas — rapidez tão alardeada pelos meios de comunicação. A busca por uma solução ágil, respondeu Paulo, era necessária porque o problema era muito grave, e argumentou que a alfabetização deveria ser aprofundada em fases subsequentes. Quanto à originalidade de seu trabalho, afirmou que não tinha pretensões de ser original, mas de dar sua contribuição ao combate do analfabetismo.

Ibiapina Lima então questionou Paulo sobre seu suposto envolvimento com o comunismo ou com regimes totalitários, comparando seu método àqueles utilizados por Hitler, Mussolini, Stalin e Perón. Quis saber também sua opinião a respeito de Cuba, da União Soviética e da China. E o que pensava sobre Brizola, Miguel Arraes, Luís Carlos Prestes, Francisco Julião e Gregório Bezerra. Em uma guerra entre o Brasil e um país comunista ou socialista, de que lado Paulo estaria? Paulo se defendeu de todas as perguntas. Constrangido pelas circunstâncias, repudiou o comunismo, expressou-se como apoiador das reformas do marechal Castello Branco, mostrou-se satisfeito com sua liderança, negou vontade de deixar o país e, por fim, colocou-se na condição de cristão que valorizava o ser humano e que se orientava pela doutrina da fé. Depois de horas de tensão e afrontamento, pôde enfim voltar para a cela. Dois dias depois, em 3 de julho, foi solto.

Por pouco tempo, entretanto. Paulo voltou a ser preso já no dia seguinte. Sem maiores explicações, foi levado para o Quartel de Obuses, no bairro de Jatobá, na vizinha Olinda. Foi encarcerado em uma das solitárias do piso inferior, onde ficava a prisão dos sargentos e tenentes. A cela era pequena, as paredes, ásperas; havia apenas uma cama e altura justa para que Paulo ficasse em pé. Poucos dias depois, foi transferido para a enfermaria dos oficiais, no andar de cima, para onde eram encaminhados os presos com curso superior.

Ali passaria a maior parte de seu segundo encarceramento, convivendo com outros detidos como Clodomir Santos de Morais, ativista político ligado ao Partido Comunista e às Ligas Camponesas, Pelópidas Silveira, o prefeito deposto de Recife, o advogado Joaquim Ferreira e Plínio Soares, ex-funcionário da Superintendência do Desenvolvimento do Nordeste (Sudene), entre outros políticos e lideranças sociais.

Para passar o tempo, além de conversar e contar casos, jogavam xadrez e faziam palavras-cruzadas. Paulo também se dedicou intensamente à leitura. Caiu-lhe nas mãos o clássico *Grande sertão: veredas*. Incomodado com a linguagem de Guimarães Rosa, desistiu do livro e comentou com Clodomir sua dificuldade com o estilo, o palavreado, o tom regional do romance. Surpreso, o companheiro explicou as circunstâncias que levaram aquela região entre o rio São Francisco e Goiás a manter uma espécie de dialeto próprio, o mesmo falado até então por sua mãe e alguns parentes que moravam ali. "Se você quiser, eu, com toda a satisfação, vou tratar de traduzi-lo", propôs Clodomir, disposto a fazer anotações sobre as expressões idiomáticas no próprio livro. Paulo aceitou de imediato.

Em clima de camaradagem, o tempo se arrastava no andar de cima do Quartel de Obuses. Um dia, um jovem tenente se aproximou da cela de Paulo: "Professor, vim conversar com o senhor porque agora nós vamos receber um grupo de recrutas e, entre eles, há uma quantidade enorme de analfabetos. Por que o senhor não aproveita sua passagem por aqui e ajuda a gente a alfabetizar esses rapazes?". Ao que Paulo respondeu, surpreso com a ingenuidade do rapaz: "Mas meu querido tenente, estou preso exatamente por causa disso! Está havendo uma irracionalidade enorme no país hoje, e se o senhor falar nessa história de que vai convidar o Paulo Freire para alfabetizar os recrutas, o senhor vai para a cadeia também. Não dá!".

Somados os dois períodos de encarceramento, em Recife e em Olinda, Paulo ficou preso por mais de setenta dias. Fez um acordo com a mulher para que os dois filhos mais novos não o visitassem na prisão. Para eles o pai estava viajando. Durante todo esse tempo, Elza desdobrou-se como pôde para cuidar da família e atenuar o sofrimento do marido na prisão. Uma de suas estratégias era entregar regularmente uma panela da comida de casa, sempre que possível em quantidade suficiente para alimentar não só os companheiros de cela, mas também os outros presos. A justa distribuição era garantida com a colaboração dos carcereiros ainda não submetidos aos rigores do golpe.

A vontade de Paulo era permanecer no Brasil, mas as circunstâncias não ajudavam. Desde que fora solto pela última vez, estava obrigado a comparecer regularmente a instâncias do Exército para registrar suas atividades. Em um desses encontros, ele seria convocado para um novo inquérito, desta vez no Rio de Janeiro. A essa altura, Elza já alentava a possibilidade de sair do país para preservar a integridade física e mental do marido — e da família.

Quando chegou no Rio, atendendo a uma nova intimação militar, Paulo se rendeu ao apelo feito por vários de seus amigos, entre eles o professor de literatura e líder católico Alceu Amoroso Lima, conhecido também como Tristão de Ataíde, e buscou exílio na embaixada da Bolívia. Antes disso, tentara sem sucesso a representação diplomática do Chile, que recusara seu pedido. Muitos colegas também tentaram encontrar formas de acolhê-lo no exterior, caso de Ivan Illich, educador austríaco radicado no México, que conhecera Paulo em uma visita ao Recife. Mas nada havia dado certo até então.

Enquanto esperava pela autorização para viajar a La Paz, Paulo foi informado de que um representante do Ministério da Educação da Bolívia, que estava no Rio para um congresso de educadores latino-americanos, gostaria de se reunir com ele na embaixada. O colega boliviano propôs que Paulo trabalhasse em seu país como assessor de educação, em particular no ensino de adultos. O convite foi aceito na hora.

Em 28 de setembro, Ibiapina Lima expediu um mandado de prisão para Paulo Freire, baseado nos seguintes argumentos: o educador estaria implicado em subversão nos meios intelectuais e de alfabetização; seu método não tinha qualquer originalidade e a velocidade era inferior a de outros modelos; a experiência de Angicos era por si só um atestado de subversão na medida em que mais politizava do que alfabetizava; seria um mistificador, suposto criador de um método e sem pejo de negar que desconhece tudo o que há a respeito; seria um aliciador sistemático do marxismo; refugiou-se em embaixada estrangeira depois de viajar para o Rio de Janeiro para atender a um inquérito, utilizando passagens compradas pelo governo.

Enquanto a viagem ao exterior não se arranjava, Elza e os filhos, por segurança, passaram a viver inicialmente na casa de Zé de Melo, seu irmão. Depois se mudaram de Recife para a casa de Stela, irmã de Paulo, em Campos dos Goytacazes, no estado do Rio de Janeiro, para poderem visitá-lo com maior frequência. Nesse período, também esteve na embaixada o advogado Odilon Ribeiro Coutinho, seu colega e amigo dos tempos em que frequentaram juntos a Faculdade de Direito. Além de um pacote de livros, Odilon entregou a ele alguns dólares para serem usados em sua chegada à Bolívia, dada a sua dificuldade para acessar recursos financeiros. Parte do dinheiro ele daria a Elza para ajudar nas despesas da família. Sem passaporte, porque nunca havia deixado o país, Paulo embarcou para La Paz apenas com sua carteira de identidade, enfiada por Elza em seu bolso no último instante.

Em 18 de outubro, alguns dias após Paulo ter partido para o exílio, Ibiapina Lima divulgou o relatório final do inquérito sobre o educador, no qual o acusava de ser "um dos maiores responsáveis pela subversão imediata dos menos favorecidos. Sua atuação no campo da alfabetização de adultos nada mais é que uma extraordinária tarefa marxista de politização dos mesmos". Para Ibiapina Lima, Paulo não tinha criado método algum e sua fama viria da propaganda feita por agentes do Partido Comunista da União Soviética. "É um criptocomunista encapuçado sob a forma de alfabetizador", acusava.

Para o militar, Paulo era um fugitivo:

> Recebeu um chamado para depor no Ministério da Educação e Cultura, no Rio de Janeiro, e ali chegando fugiu sem considerar que a Nação forneceu passagem de avião, confiando que um dos seus intelectuais não seria um relapso e um fujão. Após viajar, [...] asilou-se na embaixada da Bolívia, negando-se a depor e caracterizando, desta forma, toda a sua culpabilidade criminosa de que era um dos chefes. Assim, confirmou as acusações que pesavam sobre ele: assumiu por conta própria toda a responsabilidade por ter fugido. Quem não teme, não se esconde.

2.
Elza Maia Costa de Oliveira

Paulo Reglus Neves Freire nasceu em 19 de setembro de 1921, no bairro da Casa Amarela, estrada do Encanamento, 724, em Recife, Pernambuco. Passou boa parte da infância, até os dez anos, nessa casa de quintal grande, cercada por muitas árvores. As bananeiras e os coqueiros, as mangueiras frondosas e um cajueiro antigo ofereciam galhos para subir, frutos para comer e a sombra das copas para brincar. No bairro da Casa Amarela, os muitos sanhaçus, bem-te-vis e sabiás eram ameaçados pelos gatos da família, que conviviam pacificamente com um cachorro preto de nome Joli. Ali mesmo, Paulo começou a ser alfabetizado pelos pais, desenhando palavras com gravetos no chão de terra. Aos seis anos, entrou na escola particular de Eunice Vasconcelos, a jovem de dezessete anos que semeou em Paulo o gosto pela leitura. Com ela exercitava a formação de sentenças a partir de palavras que escrevia em um pedaço de papel. Depois estudou com Amália Costa Lima e, em seguida, foi para o Grupo Escolar Mathias de Albuquerque, onde teve aulas com a professora Aurea Bahia, que cultivou no menino o prazer pelo conhecimento.

Irmão de Armando, Stela e Temístocles, Paulo era o quarto e último filho do oficial da Polícia Militar de Pernambuco Joaquim Temístocles Freire e da dona de casa Edeltrudes Neves Freire, a Tudinha. O pai, nascido em Natal, Rio Grande do Norte, em 1879, mudara-se ainda jovem para Recife em busca de novas aventuras e de distanciamento do padrasto autoritário.

Já na capital pernambucana, serviu o Exército para seguir a carreira militar. Em 1910, conheceu Tudinha, treze anos mais jovem, com quem se casaria depois de um rápido noivado. Espírita, seguidor de Allan Kardec, sempre respeitou o catolicismo da esposa e dos filhos.

Tudinha tinha cinco irmãos. Esther era a mais velha, casada com Monteiro, jornalista que chegou a fazer carreira como político e de quem Paulo ouviu as primeiras análises da política local nas conversas com seu pai. O poeta e boêmio Rodovalho, padrinho de Paulo, fez muito dinheiro com um armazém de secos e molhados, nos anos 1920, vivendo entre o Rio de Janeiro e São Paulo, e enviava regularmente recursos para a família. Lutgardes, o terceiro filho, também havia se mudado com a família para o Rio de Janeiro, para onde Paulo às vezes viajava para passar as férias com os primos Lêda, Stênio e Naná. E por fim havia Lourdes, que nunca se casou e viveu com Tudinha até a sua morte, e Gisa, costureira, que por ser muito religiosa era chamada de Beata.

Joaquim passou a enfrentar dificuldades para sustentar a família em 1924, quando foi reformado com a patente de capitão, aos 44 anos, em função de uma dilatação da veia aorta. Seu soldo não bastava para manter as despesas da casa. A situação se agravaria ainda mais com a crise econômica internacional de 1929, quando o cunhado Rodovalho se viu obrigado a suspender a ajuda financeira que enviava para a irmã.

Com uma economia baseada principalmente na exportação de café, o Brasil foi duramente afetado pelo colapso da bolsa de Nova York. Donos de dois terços do mercado internacional, os produtores nacionais mantinham os estoques elevados para garantir as agressivas cotas anuais de exportação e manter os preços aquecidos. Com a crise da bolsa nos Estados Unidos, as compras dos países do Norte caíram de modo drástico e os grandes estoques perderam valor. Como resultado, a renda nacional despencou e o desemprego aumentou. Os preços dos produtos da cesta básica explodiram. Rodovalho, que vivia do comércio de secos e molhados, perdeu estoques e clientes. Obrigado a pedir concordata, mudou-se de vez para São Paulo. As graves dificuldades econômicas pressionaram as famílias a buscar alternativas para sobreviver. Não foi diferente com os Freire: a ampla casa onde moravam, mantida pelo tio Rodovalho, teve que ser deixada. Forçados a procurar um local mais barato, que permitisse acomodar a todos, se mudariam para Jaboatão dos Guararapes, no Morro da Saúde, a dezoito quilômetros de Recife — o custo de vida era menor fora da capital. Paulo tinha dez anos quando, em abril de 1932, viu dois caminhões encostarem em frente à sua casa para fazer a mudança. Ele acompanhou tudo ao lado do pai, primeiro da varanda e depois na boleia de um dos caminhões. A mudança não produziu só a perda do espaço onde vivera a primeira infância, mas também o privou da condição de menino de classe média para experimentar a pobreza e a ameaça de fome. Joaquim procurou inicialmente se estabelecer como comerciante, depois tentou trabalhar como marceneiro, mas fracassou em ambas as iniciativas e passou a viver de bicos. Dois anos após a mudança para Jaboatão, faleceu aos 54 anos, em outubro de 1934, depois de quatro dias de sofrimento com um aneurisma abdominal que ameaçava se romper, deixando Tudinha viúva aos 42.

Se é verdade que Paulo passou por momentos difíceis naqueles anos, foi em Jaboatão que também viveu experiências que marcaram sua personalidade: uma vida mais livre, mais solta, de menino explorando espaços novos com os amigos e o irmão Temístocles. Correndo atrás da bola, empinando pipa, nadando e pescando no rio, acompanhando as bandas de música popular, vivendo as primeiras paixões, viu seu corpo crescer e foi amadurecendo. Mesmo sem conseguir aprender a andar de bicicleta, ampliava-se o campo de mobilidade e experimentação, antes restrito ao quintal da casa em Recife. Ganhou novas companhias, amigos de bairros mais simples, a maioria deles com as mesmas dificuldades econômicas: Toinho Morango, Itararé, Júlio, João Romão, Armindo, Van-van, Baixa, Dourado, Reginaldo e Dino. A turma tinha seus segredos e esconderijos onde guardar as frutas que colhiam das propriedades vizinhas e se refugiar das encrencas frequentes.

A morte do pai de Paulo não foi dura apenas pela perda afetiva, mas também pelo agravamento da situação financeira do núcleo familiar; a mãe passou a receber uma pensão menor como viúva do que a que o pai recebia como policial militar aposentado por invalidez. Tudinha começou a fazer bordados para vender. Comprava fiado, pagava quando podia. Com o tempo, os filhos passaram a colaborar com a renda familiar: Armando, o primogênito, tornou-se funcionário público na Prefeitura Municipal de Recife, Stela passou a trabalhar como professora primária e Temístocles fazia o trabalho de rua para um escritório comercial na capital. Todos ajudavam a mãe e custeavam seus gastos pessoais. Paulo, o filho mais novo, foi poupado.

Foi também em Jaboatão que Paulo completou o ensino fundamental, com o apoio das professoras Cecília Brandão, que o fez avançar no conhecimento da língua portuguesa, e Odete Antunes. Quando chegou o momento de frequentar o ensino secundário, não havia escola para ele. Para seguir estudando, sua mãe precisou fazer um esforço extra e matriculá-lo em um colégio privado em Recife, no antigo bairro da família. Já com dezesseis anos, com a escolaridade defasada, passou a tomar o trem diariamente às sete da manhã para, em 45 minutos, chegar à cidade vizinha.

Naquele primeiro ano de estudos de Paulo, Tudinha fez uma intensa busca por uma nova escola que concedesse uma bolsa para o filho. Saía todas as manhãs para Recife e só voltava no fim da tarde. Um dia, Paulo, que sempre ia buscá-la na estação, a viu descer do vagão com um sorriso no rosto e a grata notícia de que o Colégio Oswaldo Cruz, um dos mais renomados da cidade, havia oferecido uma vaga para ele. A única contrapartida, segundo o diretor e proprietário, Aluízio Pessoa de Araújo, era que Paulo tivesse bom desempenho.

Em Recife e depois em Jaboatão, Paulo viveu suas primeiras paixões infantis e adolescentes. Ainda criança, antes de se mudar, encantou-se com uma vizinha alta e bonita aos seus olhos, que ele acompanhava todos os dias até o Grupo Escolar Mathias de Albuquerque, onde estudavam, sempre à beira de se declarar. Foi um amor platônico, encerrado com a mudança da família. Em Jaboatão, apaixonou-se pela filha de um rico comerciante que vivia em um casarão colonial no centro da cidade. Foi correspondido por ela de forma cuidadosa, às escondidas — mas a diferença de classe social não permitiu que a história seguisse adiante. Mais tarde, sua nova paixão foi uma moça que encontrava sempre no trem matutino que os levava de Jaboatão a Recife. Também voltavam juntos à tarde, e os primeiros olhares levaram à viagem no mesmo banco e, depois, aos beijos e abraços. Caminhavam juntos para suas escolas: ele a deixava no Colégio Nossa Senhora do Carmo e depois seguia para o Oswaldo Cruz. O namoro foi interrompido pelas férias de julho, mas, no retorno, Paulo ficou sabendo por um amigo do envolvimento dela com outra pessoa em Caruaru, onde a moça costumava passar as férias, e foi tirar satisfação. Ela negou, mas o namoro não vingou. Paulo caiu em profunda tristeza, passava horas calado, trancado no quarto, sem comer. Tudinha sempre quis que ele se tornasse padre, mas o celibato não o atraía: gostava de namorar.

A entrada para o Colégio Oswaldo Cruz, frequentado por uma parcela da elite de Recife, foi decisiva para Paulo. Ali, ele conseguiu completar o ensino secundário de sete anos em dois ciclos: o primeiro, chamado "fundamental", durava cinco anos, e o segundo, chamado "complementar", com dois anos de duração e que tinha caráter propedêutico para o curso superior. No segundo ciclo, optou pelo Pré-Jurídico, alternativa para quem preferia humanidades e letras. Havia ainda a alternativa de cursar Pré-Medicina e ou Pré-Engenharia. Terminou os estudos secundários aos 21 anos. O esforço de sua mãe lhe garantiu uma trajetória educacional impossível para muitos de seus amigos de Jaboatão.

Aluno dedicado, Paulo costumava ajudar os colegas. Era uma forma de fazer amigos e de se afirmar diante do grupo. Havia desenvolvido uma curiosidade pelo conhecimento, especialmente pela língua portuguesa. Sua motivação pela disciplina havia nascido das aulas de duas de suas primeiras professoras: Eunice Vasconcelos, em Recife, e Cecília Brandão, em Jaboatão, que lhe mostraram que o aprendizado da gramática podia ser prazeroso.

Sua relação com o Oswaldo Cruz não se limitaria ao papel de estudante. Nos dois últimos anos do secundário, durante o curso Pré-Jurídico, foi convidado a exercer a função de "auxiliar de disciplina" e ensinava os alunos mais novos. Mais tarde, quando já frequentava o primeiro ano da Faculdade de Direito, tornou-se professor de língua portuguesa a convite do diretor Aluízio Araújo. A sugestão foi de José Pessoa, o antigo titular da vaga, que se mudava de Recife e que teve em Paulo um de seus melhores alunos. O sonho de ser professor estava se realizando. Sua primeira aula foi acompanhada pelo diretor, que assistiu a seu desempenho sentado entre os alunos. No final, Paulo recebeu uma avaliação positiva, mas ouviu que a aula havia sido um pouco acima do nível adequado aos alunos. Foi sua primeira aprendizagem como professor, adequar o conteúdo das suas aulas ao estudante.

Enquanto cursava a faculdade, seguia inclinado à carreira de professor, a profissão o atraía desde os tempos em que ajudava os amigos nos deveres escolares em Jaboatão. A experiência como professor de língua portuguesa do Colégio Oswaldo Cruz deixara marcas importantes. Paulo lecionou também em outros colégios de Recife, além de dar aulas particulares para complementar a renda e ajudar com as despesas em casa. Em maio de 1941, a família de Paulo pôde regressar a Recife. Graças ao trabalho e à contribuição financeira dos filhos, voltaram em condições muito melhores do que as do período em que partiram para Jaboatão, nove anos antes.

Os primeiros anos da década de 1940, para Paulo, foram dedicados ao estudo de gramáticos brasileiros e portugueses e ao aprimoramento de suas aulas. Com parte do salário que recebia, frequentava as livrarias e sebos de Recife em busca de títulos nacionais e importados, lidos com entusiasmo. Ele e os amigos faziam ponto na Livraria Imperatriz e na Editora Nacional, onde ocupavam mesas em meio às estantes e prateleiras.

Entre seus alunos particulares, uma em especial lhe chamou a atenção: Elza Maia Costa de Oliveira. Professora primária, Elza o havia procurado para se aperfeiçoar em língua portuguesa, pois prestaria um concurso em breve. Das aulas nasceu um encantamento entre os dois, que se desdobrou em namoro e casamento. A cerimônia religiosa foi celebrada em 10 de novembro de 1944 — ele tinha 23 anos e cursava o segundo ano do curso de direito. Cinco anos mais velha, Elza tinha 28 anos.

Paulo e Elza enfrentaram dois obstáculos ao casamento. O primeiro vinha da família dela: sua mãe resistia a aceitar Paulo como genro. Esperava que a filha se casasse com alguém de condição social melhor que a dos Freire; antes, Elza havia sido noiva de um usineiro local. O outro obstáculo foi imposto pela Segunda Guerra Mundial e a obrigação de Paulo, como cidadão brasileiro, de se alistar nas Forças Armadas. O Brasil mandara seus primeiros pracinhas, em apoio aos Exércitos Aliados, em 1942, e Paulo corria o risco de ser integrado à Força Expedicionária Brasileira (FEB) e enviado para lutar na Itália. Mas ambos os entraves foram superados: Paulo foi dispensado do alistamento pela condição física frágil não adequada ao serviço militar e a família de Elza acabou por aceitar a união. Disposta a comprar briga, Elza passara a levar uma peça de roupa em sua bolsa a cada encontro com Paulo. Depois de um tempo, enxoval pronto, saiu de casa para viver com ele. As famílias só se reconciliaram depois do nascimento de Maria Madalena, em 21 de julho de 1946, primeira filha do casal e primeira neta dos dois lados.

Nascida trinta anos antes em uma família de classe média alta de Recife, Elza era a filha mais velha do comerciário Alberto Melo Costa Oliveira e de Josefa Maia Costa Oliveira. Tinha dois irmãos: José de Melo Costa Oliveira, o Zé de Melo, e Elba Maia Dias Fernandes, a Bila. Como Paulo, começou a estudar em uma escola próxima à sua casa, da professora Maria Elisa Viegas de Medeiros, que acabaria influenciando Elza a seguir o magistério.

Depois de estudar em um internato só para meninas que atendia a elite local em Olinda, a Academia Santa Gertrudes, transferiu-se para a Escola Normal do Recife. Formou-se no magistério e, em janeiro de 1943, prestou concurso e passou graças ao apoio das aulas de Paulo, que conhecera por indicação de uma colega da Escola Normal, a professora Débora Vasconcelos. Na rede pública, foi de professora a diretora. Em paralelo, iniciou um estágio no Instituto Pedagógico de Recife, onde foi convidada a integrar o corpo docente para a formação de novos professores.

Quando se casaram, Paulo e Elza, ele estudante de direito e professor de português, ela professora primária e funcionária da rede estadual de ensino, foram morar no bairro de Casa Forte, em uma casa modesta, com móveis improvisados.

Ao longo dos quatro anos em que frequentou a Faculdade de Direito do Recife, entre 1943 e 1947, Paulo viu chegar ao fim a Segunda Guerra Mundial e o Estado Novo, a ditadura de

Getúlio Vargas, fatos que geraram grandes expectativas sobre o futuro do país e do mundo. Paulo construiu sólidas amizades com seus colegas de curso. Uma delas foi com o usineiro Odilon Ribeiro Coutinho, que o apoiaria financeiramente em vários momentos da sua vida, inclusive quando Paulo esteve exilado na embaixada da Bolívia. Outra amizade, a de Paulo Rangel Moreira, com quem dividiu um escritório de advocacia nos últimos anos da faculdade, também se estenderia ao longo da vida. Um terceiro bom amigo desde os velhos tempos foi Luiz Bronzeado, que se tornaria deputado por um partido conservador e, mesmo assim, acolheu Paulo e Elza em Brasília logo após o golpe militar.

A expectativa de trabalhar como advogado era sempre confrontada com a atividade de professor, que já exercia — e que tanto o atraía. Essa indecisão se desfez em 1947, quando Elza estava grávida da segunda filha, Maria Cristina, e o casal recebeu a visita de Paulo Rangel Moreira, sócio do marido no ainda frágil escritório de advocacia. O encontro tinha por objetivo convidá-lo a assumir um cargo no recém-criado Serviço Social da Indústria, o Sesi, na Divisão de Educação e Cultura.

O convite do amigo levou-o a recordar uma conversa que tivera com Elza em um fim de tarde, respondendo à pergunta dela sobre como tinha sido o seu dia no escritório. Em seu primeiro caso como advogado, Paulo recebeu um dentista recém-formado, que havia comprado móveis para a instalação do seu consultório, mas não conseguia pagar os débitos. Paulo fora contratado pelo credor para negociar a dívida. Ao receber naquela tarde o jovem profissional, ouviu que ele havia sido otimista demais ao fazer o empréstimo, pois não conseguia receber o suficiente para honrar seus compromissos. Em função disso, vinha propor como solução entregar os móveis de sua casa em vez dos móveis do consultório, uma vez que não poderia ficar sem seu espaço de trabalho. Durante a conversa, o jovem comentou em tom de brincadeira, mas sem disfarçar o desespero: "Só não pode levar minha filhinha de um ano e meio". Paulo confessou que se abalara com o caso e que não conseguiria seguir a profissão de advogado, estava desencantado. Elza lhe deu apoio. Seu caminho de educador se consolidaria ali. Paulo estava pronto para receber a proposta de trabalho do amigo.

Mas Elza continuava preocupada. Não era simples para Paulo abrir mão de seus alunos e diversos trabalhos no magistério. Ela e o marido foram convencidos com o argumento de que o novo emprego também era no campo da educação, com os filhos dos trabalhadores do setor industrial. Tendo ouvido e discutido diversos aspectos da proposta, Paulo acabou aceitando o convite e abandonou definitivamente a profissão de advogado, além de ter se despedido de suas aulas particulares e no Colégio Oswaldo Cruz. Financeiramente, o novo emprego daria maior estabilidade para a família que continuava a crescer.

3.
"A dureza da vida não deixa muito para escolher"

O Serviço Social da Indústria (Sesi), foi criado em 1946, no contexto do pós-Segunda Guerra Mundial. Eurico Gaspar Dutra, presidente da República recém-eleito, assinou um decreto-lei em 25 de junho que repassava à Confederação Nacional da Indústria a responsabilidade de fundar uma organização, como consta até hoje no site da instituição, com

> a finalidade de estudar, planejar e executar, direta ou indiretamente, medidas que contribuíssem para o bem-estar social dos trabalhadores na indústria e nas atividades assemelhadas, concorrendo para a melhoria do padrão geral de vida no país e, bem assim, para o aperfeiçoamento moral e cívico e o desenvolvimento do espírito de solidariedade entre as classes.

Mediante imposto sobre a folha de pagamento, os trabalhadores teriam formação profissional, educação e assistência social para a família.

Naquele momento, a intenção do governo e do empresariado parecia apontar para o fomento à cooperação entre as distintas classes sociais, em um contexto em que as ideias socialistas passaram a ter um forte apelo sobre operários e sindicatos. A euforia com o término da guerra e a esperança de que houvesse no mundo mais harmonia e respeito aos direitos humanos eram confrontadas pela paranoia da Guerra Fria, gradativamente estimulada pelos dois polos de poder mundial: o capitalista, sob liderança dos Estados Unidos, e o comunista, sob influência da União Soviética. O Brasil, assim como os demais países da América Latina, fazia parte do arco de influência capitalista dos Estados Unidos, que tinha forte presença econômica, política e ideológica no continente, uma forma de pressão para impedir o alinhamento com o polo comunista.

Paulo aceitou o convite para trabalhar no Sesi consciente da natureza política da instituição. Acompanhou Paulo Rangel, o colega que o convidara em seu entusiasmo, e comprometeu-se com a oferta oficial de Cid Sampaio, o jovem engenheiro e empresário à frente do Sesi. Os três foram responsáveis pelas primeiras atividades da organização em Pernambuco. Paulo começou trabalhando como assistente na equipe da Divisão de Educação e Cultura, mediando as relações entre professores, trabalhadores e seus filhos. Pouco tempo depois, já em 1947, assumiu a posição de diretor daquela divisão. No mesmo ano, apesar do desgosto com a profissão, concluiu o curso de direito.

O trabalho de Freire no Sesi estava respaldado por um grupo liderado por Heloisa Jaques Bezerra e integrado por alunas e ex-alunas da Escola de Serviço Social de Pernambuco, local em que Paulo daria aulas mais tarde, convidado por suas dirigentes. A abordagem profissional sugerida enfatizava o trabalho coletivo, comunitário, ainda que reconhecesse a necessidade da atenção individual em situações particulares. Participavam do grupo Anita Paes Barreto, fundadora da escola, Lourdes de Moraes, Dolores Coelho, Hebe Gonçalves, Maria Hermínia e Evany Mendonça, entre outras profissionais alinhadas à perspectiva do serviço social como um trabalho coletivo e de valorização dos trabalhadores — não de assistencialismo. Essa abordagem orientaria Paulo em sua atuação no Sesi, apesar do forte viés assistencialista da entidade.

O enfoque da educação dos alunos do Sesi concentrava-se em duas matrizes: o entendimento das dificuldades familiares dos trabalhadores e a formação continuada dos docentes. Era necessário, portanto, reforçar o aspecto coletivo desses dois grupos para aprimorar o trabalho que já vinha sendo realizado com os alunos.

A participação dos pais era de suma importância. Paulo e sua equipe defendiam o envolvimento das famílias com a escola dos filhos, discutindo os rumos e objetivos do que era ensinado e buscando soluções conjuntas. Acreditavam que essa maneira de se relacionar com a escola faria dela uma instituição mais representativa das necessidades das famílias dos trabalhadores. Ao mesmo tempo, apostavam que o exercício da democracia no ambiente escolar ajudaria a fomentar construções democráticas em outros campos da vida dos trabalhadores.

Esse foi o contexto que viabilizou a criação dos Círculos de Pais e Professores, uma das estratégias da equipe de Paulo para aproximar os operários dos educadores do Sesi. Num primeiro momento, a equipe coordenadora, a partir das questões que avaliavam ser do interesse dos trabalhadores, definia a priori os temas que seriam discutidos nos Círculos. Os professores eram treinados para multiplicar o conteúdo em palestras que abordassem essas questões com as famílias dos alunos.

Em um dos encontros entre pais e professores, em que se discutia a necessidade de que os docentes incorporassem o conhecimento que os alunos traziam de casa no processo educativo, Paulo e sua equipe se defrontaram com a crítica de um dos pais. "Se me perguntam se eu gostei desta reunião, eu não vou dizer que não, porque aprendi umas coisas das palavras do doutor", disse. "Mas se perguntam se era isso que queria ouvir hoje, eu digo que não. Eu queria ouvir hoje era umas palavras sobre a disciplina, porque eu estou tendo em casa, eu e minha mulher, problemas com os meninos que eu não sei resolver."

Aquela intervenção no Círculo de Pais e Professores motivou um passo atrás, em direção ao que consideraram um exercício democrático: em vez de a pauta partir da equipe, os temas deveriam ser definidos em conjunto com as famílias. Assim, seria possível preparar um material mais afinado com suas reais necessidades. Decidiram, também, que os temas escolhidos seriam enviados com antecedência a todos os participantes, com a recomendação de que fizessem uma discussão preparatória em casa e, de forma mais ampla, até na comunidade em que viviam.

Preocupada em conhecer melhor a relação entre pais e filhos, a equipe elaborou uma pesquisa para que os trabalhadores respondessem. Os resultados mostraram que um número considerável de pais e mães castigava os filhos, inclusive fisicamente, como forma de repreendê-los. Esse tipo de comportamento se mostrava equivalente nas áreas urbanas de Recife, na Zona da Mata, no agreste e no sertão, com a exceção das áreas tradicionais de pesca, onde os pais tinham um comportamento mais aberto ao diálogo com os filhos. Interpretaram essa diferença pela cultura de liberdade que os pescadores alimentavam ao enfrentar o horizonte marítimo, os desafios com suas jangadas, as fantasias de suas histórias. Esse gosto pela liberdade se opunha ao uso dos castigos físicos e incentivava as crianças a acompanharem os adultos aprendendo pela prática, e de forma natural, seus limites e possibilidades. A equipe passou a discutir os dados nos Círculos, procurando valorizar a conversa entre as partes e a compreensão para a resolução de conflitos. Antes dos debates, os pais recebiam fichas preparadas pela equipe sobre os assuntos que seriam abordados.

Novamente a intervenção de um dos operários transformaria a atuação de Paulo e sua equipe. Depois de uma longa explanação sobre as relações em família, aquele pai tomou a palavra para, respeitosamente, questionar o educador:

> Acabamos de escutar umas palavras bonitas do doutor Paulo Freire. Palavras bonitas mesmo. Bem-ditas. Umas até simples, que a gente aprende fácil. Outras, mais complicadas, mas deu para entender as coisas mais importantes que elas

todas juntas dizem. Agora, eu queria dizer umas coisas ao doutor que acho que os meus companheiros concordam.

O operário olhou para o educador e perguntou de maneira firme: "Doutor Paulo, o senhor sabe onde a gente mora? O senhor já esteve na casa de um de nós?". E passou a descrever o local em que vivia, pequeno, limitado, em uma área com escassez de infraestrutura. Olhou para os demais colegas e, voltando-se para Paulo, perguntou a ele quantos filhos tinha. "Cinco", ouviu, "três meninas e dois meninos." Então o trabalhador passou a descrever a casa onde o educador morava, conforme sua imaginação:

> Pois bem, doutor, sua casa deve de ser uma casa solta no terreno, que a gente chama casa de "oitão livre". Deve ter um quarto só para o senhor e a sua mulher. Outro quarto grande é para as três meninas. Tem outro tipo de doutor que tem um quarto para cada filho e filha. Mas o senhor não é desse tipo, não. Tem outro quarto para os dois meninos. Banheiro com água quente, cozinha com linha Arno. Um quarto de empregada bem menor do que os dos filhos e que ficava no lado de fora da casa. Um jardinzinho com grama inglesa. O senhor deve ter ainda um quarto onde bota os livros — sua livraria de estudo. Está se vendo, por sua fala, que o senhor é um homem de muitas leituras, de boa memória.

Paulo, reconhecendo na descrição a sua casa, foi se sentindo cada vez mais constrangido, acompanhando atento e em silêncio, assim como a plateia e a equipe.

Aquele pai continuou:

> Agora veja, doutor, a diferença. O senhor chega em casa cansado. A cabeça até que pode doer no trabalho que o senhor faz. Pensar, escrever, ler, falar esses tipos de fala que o senhor

fez agora. Isso tudo cansa também. Mas uma coisa é chegar em casa, mesmo cansado, e encontrar as crianças com banho tomado, vestidinhas, limpas, bem comidas, sem fome, e a outra é encontrar os meninos sujos, com fome, gritando, fazendo barulho. E a gente tendo que acordar às quatro da manhã do outro dia para começar tudo de novo, na dor, na tristeza, na falta de esperança. Se a gente bate nos filhos e até sai dos limites não é porque a gente não ame eles, não. É porque a dureza da vida não deixa muito para escolher.

A fala do operário afetou todos os presentes, mas Paulo sensibilizou-se de modo bastante particular. O constrangimento gerado pela comparação entre seu mundo e o mundo do trabalhador com o qual dialogava foi tomado como uma lição que transformaria seu modo de compreender o processo educativo.

Paulo já vinha fazendo esforço para aproximar sua linguagem da linguagem dos pais e alunos que frequentavam as escolas do Sesi. Considerava que grande parte da incompreensão que atravessava o diálogo era consequência do distanciamento discursivo e que, portanto, quanto mais ele se aproximasse da linguagem dos operários, maior seria a possibilidade de entendimento entre as partes.

A fala daquele pai e trabalhador fez com que Paulo compreendesse uma outra dimensão: não se tratava apenas de adaptação da linguagem. Era preciso ir mais fundo, conhecer o modo de vida dos operários e a forma como eles interpretavam o mundo em que viviam, dado que a linguagem dos operários era produto direto de sua própria realidade. As palavras eram a expressão de sua existência, não apenas um veículo de comunicação. Paulo incorporaria então à sua proposta pedagógica conhecer o universo do trabalhador. O processo educativo deveria partir necessariamente da experiência, da realidade e da interpretação que os trabalhadores faziam dela.

Em 1954, aos 33 anos, Paulo chegou ao cargo de diretor-superintendente regional do Sesi em Pernambuco. Depois da experiência de democratização das escolas com os Círculos de Pais e Professores, o desafio agora era o de democratizar a própria instituição. Dedicou-se inicialmente a fazer com que as diversas divisões se conhecessem em reuniões promovidas nos sábados pela manhã — nesse dia, decidiu Paulo, não haveria atendimento ao público. Cada departamento apresentava suas atividades, que eram discutidas por todos.

A cada encontro, o foco era orientado para as atividades de uma divisão, e as ideias que surgiam eram articuladas para aprimorar o trabalho de todos. Na quarta sessão, o mais antigo zelador do Sesi foi convidado a falar sobre o ambiente e as relações de trabalho no Departamento Regional. Seu Francisco, como era chamado, começou dizendo que seu ofício era simples, que estava a serviço dos demais, limpando as salas, mesas, servindo café, comprando cigarros, levando documentos de um lugar a outro. Concluiu que, juntando tudo o que fazia, que era muita coisa, conseguia ganhar seu salário e sustentar a família, e confessou que não conseguiria viver sem o emprego. Apesar de gostar do que fazia, Francisco afirmou que não entendia certas coisas: "Por exemplo, quando entro com a bandeja do café na sala de um diretor e ele está em reunião com outros doutores, ninguém me olha e responde o meu bom-dia. Vai só estendendo a mão e pegando a xícara, e não diz nem uma vez, para ser pelo menos diferente, muito obrigado". Agradeceu a oportunidade de poder falar e disse que esperava que as pessoas não ficassem chateadas com o que ele havia dito. O desconforto de sua fala, seguida de um longo silêncio entre os participantes, resultou na mudança de comportamento de alguns funcionários.

Na sequência, Paulo passou a organizar reuniões com outros setores nos mesmos moldes, com pautas antecipadas e escolhidas pelos participantes, além de decisões colegiadas. Na última etapa de sua atuação no Sesi, o trabalho concentrou-se nos Clubes Sesianos, criados para estimular a aproximação dos operários com a instituição. Ofereciam serviços sociais, recreativos, culturais e esportivos, e cada clube contava com uma diretoria eleita pelos associados. De modo geral, os clubes recebiam tudo o que solicitavam ao Departamento Regional, o que incomodava Paulo desde que assumira o cargo de superintendente. Do modo como funcionavam, considerava Paulo, os clubes exerciam uma política assistencialista, anestesiando a consciência de quem recebia os serviços. Propôs então que os clubes fossem pagos. Sua proposta foi muito mal recebida entre os trabalhadores, que a rejeitaram por unanimidade. Paulo argumentava que, na medida em que as diretorias dos clubes tivessem seus próprios recursos, a autonomia também aumentaria, e os operários poderiam decidir o que fazer em assembleia, independente da política da diretoria regional e dos recursos do Sesi. Voto vencido, Paulo continuou a autorizar o envio dos recursos, mas seguiu defendendo o seu ponto de vista. Um dos clubes acabou aceitando cobrar dos associados e ampliou sua capacidade de realização. O exemplo de independência cativou os demais: depois de um ano e alguns meses, todos os clubes movimentavam verbas próprias.

Enquanto permaneceu no Sesi, Paulo esteve voltado para a construção de processos de decisão participativos e coletivos. Quando um dos diretores administrativos da instituição entrou em seu gabinete para comunicar a decisão que tinha tomado — os zeladores teriam que usar bonés —, Paulo pensou por um momento antes de dizer:

> Veja você, meu caro Travassos, preferiria reunir todos os zeladores e perguntar-lhes se queriam ou não usar boné. É que o boné altera a cara das pessoas e não temos o direito de mudar a cara de ninguém sem sua autorização. Se se tratasse do uso de um capacete por causa das condições de trabalho perigoso,

aí, bem, o capacete faria parte da indumentária para defender o trabalhador de acidentes. Não haveria necessidade de consultar, mas se impunha uma explicação.

O diretor aceitou o argumento, suspendeu a ordem e fez uma reunião com os zeladores. A proposta foi derrotada. Paulo tinha uma atitude curiosa e investigativa, acumulando achados sempre aplicados em experiências futuras. O caso dos bonés infiltrou nele uma indagação permanente: quantos bonés somos obrigados a usar sem que tenhamos sido consultados?

O educador voltou para o Departamento de Educação do Sesi em outubro de 1956, quando passou a viajar com frequência a outros estados para assessorar educadores nas diversas sedes regionais. Seu desligamento oficial só ocorreria dez anos depois, já no exílio. Sua rescisão foi assinada por seu procurador, Zé de Melo, irmão de Elza.

Logo após o regresso ao setor educacional do Sesi, Paulo quis relatar sua experiência tão significativa na instituição. Entre março e abril de 1957, publicou três artigos no *Diário de Pernambuco*: com esses textos, pela primeira vez suas ideias e práticas começariam a se tornar públicas. Tratando o Círculo de Pais e Professores como um capítulo da educação de adultos, afirmou que o seu objetivo era a formação e o desenvolvimento da responsabilidade social e política dos operários por meio de metodologias participativas e decisões democráticas. Em relação ao trabalho dos professores, argumentou que impor opiniões, não admitir discordância e não estimular o debate teria um resultado improdutivo, afinal. Escreveu, citando um dos seus autores preferidos, o psicólogo romeno Zevedei Barbu:

> Há uma falsa adesão na aceitação das coisas impostas. O debate, a crítica, a divergência, bem orientados e que levem a conclusões, estes sim, ganham a adesão dos grupos e

despertam a necessidade de novos encontros e novos debates. O processo da democracia começa aí. Dentro dos grupos, na dinâmica das suas discussões é que, não há dúvida, a democracia nasce, não como manifestação externa, mas como disposição mental.

E alertava: "Tanto a responsabilidade social quanto a política nunca serão apreendidas pelo povo por meio de discursos ou sermões de alguns bem-intencionados [...] eles só aprenderão tais responsabilidades vivendo-as".

Crítico de ações assistencialistas, afirmou que os Círculos de Pais e Professores não eram espaço de "pregações ufanistas, ou em que se leiam discursinhos sobre higiene do corpo e da alimentação e se diga que os Pedrinhos e as Marias da escola, as mais das vezes proletários e sub-proletários, devem comer ovos e tomar leite...", apontou. Os professores deveriam apostar na participação comunitária, mesmo se no começo houvesse rejeição, pois, segundo Paulo, a sociedade estava acostumada a posturas autoritárias, paternalistas. Criticava ainda os que assumiam uma posição de autossuperestimação frente à subestimação do outro, particularmente quando o outro é um operário e somente os primeiros poderiam pensar e agir — "o povo, este, nunca!".

A série de três artigos no *Diário de Pernambuco* ajudou a sistematizar suas práticas e resultados dos anos de trabalho no Sesi. No período em que atuou na instituição, Paulo delineou as linhas gerais do pensamento que o acompanharia ao longo da vida.

Por esses anos, Paulo tornou-se pai de cinco filhos: em abril de 1949 nasceu Maria de Fátima, Joaquim Temístocles, em agosto de 1956, e o caçula Lutgardes, em novembro de 1958. Os dois últimos chegaram depois de Elza ter sofrido vários abortos espontâneos. Será essa a família que o acompanhará no seu exílio anos depois. Antes de os dois meninos nascerem, Elza e Paulo se desdobraram para ficar sempre junto das filhas, ele contando histórias para elas dormirem, ela empenhada em passeios de fim de tarde, depois do expediente como professora. Caminhavam diariamente até a praça de Casa Forte, o bairro onde moravam, e contavam como tinha sido o dia de cada uma, comiam pipoca ou amendoim vendidos pelos ambulantes. Elza tinha uma profissão e trabalhava boa parte do dia, o que ainda era incomum para as mulheres na época — por isso procurava garantir o pouco tempo de que dispunha para o convívio de qualidade com as filhas.

Além de seus trabalhos regulares, Paulo e Elza passaram a realizar outras atividades sociais e pastorais, que exigiam tempo e disponibilidade. Depois do nascimento dos meninos, as irmãs, então com onze, dez e nove anos, ajudaram a cuidar dos menores, com o banho e a troca de fraldas. Como o trabalho era grande, a família decidiu contratar uma senhora de nome Maria para ajudar nos serviços domésticos. Assim, "Mãe", como os filhos de Paulo e Elza se acostumariam a chamá-la, assumiu a responsabilidade de colocar as crianças na cama e de contar histórias para os menores, mesmo não sabendo ler nem escrever. Mãe Maria vinha de família muito pobre, era mãe solteira de duas meninas, que foram acolhidas pela família Freire e passaram a viver na mesma casa. Tinha o costume de comer com as mãos, amassava deliciosos bolinhos de feijão que dava para as crianças. A partir do exílio e até sua morte, Paulo enviaria para Mãe recursos financeiros para o sustento dela e de sua família.

Entre os anos 1950 e início da década de 1960, havia no Brasil várias atividades de convivência entre cristãos, que unia famílias católicas dispostas a ajudar pessoas pobres. Paulo e Elza não participavam da organização direta dos encontros, mas colaboravam com ideias e acompanhavam um ou outro grupo. Ele chegou a atuar mais diretamente no trabalho pastoral da Paróquia do Arraial, com grupos e casais da Ação Católica, no bairro de Casa Amarela, em Recife.

A Ação Católica organizava a participação de fiéis da Igreja sem influência ou vínculo partidário. Alinhava-se a um movimento interno que, desde meados dos anos 1940, defendia a ideia de que os valores e responsabilidades espirituais cristãos não poderiam se realizar sem justiça social. Apesar de reunir devotos que ainda mantinham com os pobres um compromisso de natureza assistencialista, havia na Ação Católica uma ala crescentemente progressista, que buscava relacionar a reflexão bíblica a uma ação de natureza transformadora diante de uma sociedade que se mostrava injusta e distante dos valores cristãos.

Paulo tornou-se responsável pelo setor de educação da paróquia. Para orientar seu trabalho, elaborou um relatório que tomava por base os dados de um levantamento sobre a realidade daquela região, feito por Vandete de Figueiredo, uma egressa da Escola de Serviço Social. No relatório, estava dito:

> O raquitismo econômico da grande maioria dos habitantes desta zona, a falta de recursos públicos e de assistência, existentes apenas numa ou noutra "cruzada" disto ou daquilo, de caráter, porém, assistencialista, o baixo nível de instrução, de alfabetização, ligado à própria situação nossa, de área, a do Nordeste brasileiro, subdesenvolvida; a falta de mão de obra qualificada, entre outros fatores, vem enfatizando nesta zona problemas sociais os mais diversos.

Diante dessa realidade, os agentes pastorais mapearam 36 espaços educacionais na grande área paroquial. O objetivo final era trabalhar com todos eles, mas começaram com apenas seis, tomando por base a experiência de Paulo no Sesi, orientada pela aproximação, em caráter sistemático, das escolas com as famílias. Com isso, o trabalho voluntário procurou atuar na formação de pais e professores para a responsabilidade social e política, a partir da identificação da escola com os problemas da sua comunidade. Com o avanço do trabalho pastoral para outros espaços educacionais, algumas unidades se tornaram polos de encontro, informação e formação das demais.

O sentido comunitário das experiências pedagógicas de Paulo Freire foi construído tanto pelo grupo de assistentes sociais que o apoiou durante sua atuação no Sesi quanto pela atmosfera de convivência fraterna entre fiéis da Igreja Católica. O pensamento cristão renovador, que tinha em Alceu Amoroso Lima um dos seus principais expoentes, pregava a aproximação aos pobres e a busca de soluções para seus problemas a partir da realidade deles, e marcou profundamente a geração de Paulo.

Essa forma de exercer o cristianismo — com forte vivência comunitária —, de alguns segmentos da Igreja Católica, também se expressaria na formação de grupos de fiéis com composição social diversa, unindo de setores populares à classe média em ações sociais. A pedido de Paulo, as comunidades cristãs passaram a ajudar no trabalho do Sesi e nas pastorais sociais por meio da Ação Católica, misturando convivência pessoal, profissional e espiritual.

Em julho de 1958, ocorreu o II Congresso Nacional de Educação de Adultos, no Rio de Janeiro. Convocado por Clóvis Salgado, ministro da Educação do governo Juscelino Kubitschek, o objetivo era avaliar o desenvolvimento da Campanha de Educação de Adolescentes e Adultos (CEAA), lançada em 1947 pelo presidente Gaspar Dutra, tendo à frente o educador Lourenço Filho. O analfabetismo não era assunto novo e o país vinha de experiências de fracassos em suas ações públicas e privadas no setor. Foi assim com a Cruzada Nacional de Alfabetização, de 1932; a Bandeira Paulista de Alfabetização, de 1933; a Cruzada de Educação de Adultos e Serviço de Educação de Adultos, de 1947; a Campanha de Educação Rural, de 1952; o Sistema Radioeducativo Nacional (Sirena), de 1957; e, finalmente, com a Campanha de Educação de

Adolescentes e Adultos, que estava sendo avaliada em meados de 1958.

No Seminário Regional de Pernambuco, etapa preparatória para o II Congresso Nacional, Paulo e Elza ficaram encarregados de elaborar com outros voluntários o relatório de uma das seis comissões. O título: *A educação de adultos e as populações marginais: O problema dos mocambos*. Depois de analisar a realidade de populações que viviam em condições de habitação miseráveis em periferias, o relatório sugeriu que a ação alfabetizadora deveria proporcionar a elas a oportunidade de sair de sua condição de marginal para a de participante no mundo do trabalho, da produção e da política, em uma clara crítica ao assistencialismo. Para realizar a missão, o trabalho educativo não deveria ser *sobre* ou *para* o homem — mas sim *com* ele, exigindo o envolvimento do sujeito em todo o processo, desde a fase inicial até a "participação na vida da região e nas esferas mais amplas da sociedade".

O relatório foi levado por Paulo Freire ao Rio de Janeiro. Depois de revisado, o documento foi publicado nos anais do congresso e tornou-se referência para a educação de jovens e adultos. O relatório reafirmava a natureza política do método de Paulo e estimulava a colaboração, a decisão, a participação, a responsabilidade social e política dos alunos. O autor insistia que os conteúdos trabalhados não deveriam ser transplantados, mas obtidos a partir da realidade mais simples do cotidiano dos alunos e com a participação direta deles. Os buracos e as poças de lama de suas ruas, a água e as muriçocas, a vida econômica da região, as feiras, as indústrias, as instituições sociais, a vida religiosa e a recreativa, tudo deveria servir de ponto de partida para o ensino.

Foi também nos anos 1950, precisamente a partir de 1952, que Paulo se aproximou de forma mais consistente da universidade. Depois de alguns anos trabalhando na Escola de

Serviço Social, foi nomeado professor catedrático interino de história e filosofia da educação da Faculdade de Belas Artes da Universidade de Recife. A nomeação era prática corrente, visto não haver ainda cursos de pós-graduação para a formação de docentes para o ensino superior. Paulo ministrava suas aulas em paralelo ao trabalho pastoral e no Sesi.

Em 1959, defendeu sua tese de doutorado, por meio de concurso para catedrático efetivo de história e filosofia da educação. Pretendia se efetivar na Faculdade de Belas Artes, local onde já trabalhava, além de obter a titulação de doutor. Paulo teve um bom desempenho e conseguiu o título, mas não a efetivação — ficou em o segundo lugar no concurso. A vaga ficou com Maria do Carmo Tavares de Miranda, que havia estudado na Sorbonne, em Paris, onde realizara o seu doutorado, e apresentado o trabalho *Pedagogia do tempo e da história*. Ao não ser efetivado, Paulo seria exonerado do cargo de professor catedrático interino, depois de oito anos de trabalho. Acabaria nomeado professor de história e filosofia da educação na Faculdade de Filosofia, Ciências e Letras da Universidade de Recife e tomou posse no início de 1961. Por sugestão de Paulo, o reitor que o havia nomeado, João Alfredo da Costa Lima, inaugurou o Serviço de Extensão Cultural (SEC) em 1962 e o convidou para assumir a coordenação.

A experiência do Sesi, o trabalho pastoral, a convivência com o grupo de assistentes sociais da Escola de Serviço Social, as leituras que orientaram suas diversas práticas, a docência na universidade — toda a vivência daqueles anos desembocou na elaboração de sua tese de doutorado, defendida em 1959. Sob o título *Educação e atualidade brasileira*, o trabalho garantiria a Paulo as condições e o prestígio necessários para que suas pesquisas e sua atuação pedagógica ganhassem repercussão e dimensão nacional. Mas também para que despertassem a desconfiança e a perseguição que viriam com o golpe militar de 1964 e que o levariam ao exílio.

4.
Uma enorme lata de Nescau

Em *Educação e atualidade brasileira*, pela primeira vez Paulo expôs suas principais ideias de forma ampla e articulada em um volume. Partindo de uma análise acurada do país, afirmou que o Brasil estava vivendo uma antinomia fundamental, "de um lado, a 'inexperiência democrática', formada e desenvolvida nas linhas típicas de nossa colonização, e, de outro, a 'emersão do povo na vida pública nacional', provocada pela industrialização do país". Paulo alertava para a importância do momento histórico e a oportunidade que se apresentava às grandes massas para que se incorporassem ao processo de desenvolvimento nacional vivenciado nos anos anteriores. Para tanto, era necessário que o povo, aquietado, passivo, acostumado a obedecer às autoridades — consequência da ausência de diálogo e da inexperiência democrática da sociedade brasileira —, despertasse para a participação na cena pública. Para o educador, isso só seria possível por meio de um processo educacional que levasse a população a ganhar consciência da realidade do país. Só assim as massas poderiam influenciar o processo de desenvolvimento nacional.

A década de 1950, período em que Paulo amadureceu suas práticas e ideias, foi marcada tanto pelo governo do presidente Getúlio Vargas, tragicamente encerrado pelo seu suicídio, em 1954, quanto pela administração de Juscelino Kubitschek. Hábil político mineiro do Partido Social Democrático (PSD), Juscelino havia tido uma trajetória vitoriosa como deputado federal, prefeito de Belo Horizonte e governador de Minas Gerais antes de assumir a presidência da República. Para as eleições de 1955, ele articulou a coligação de seu PSD, de centro-direita, com o Partido Trabalhista Brasileiro (PTB), à esquerda no campo político, que indicou João Goulart à vice-presidência. Juscelino e Jango venceram o general Juarez Távora, candidato pela União Democrática Nacional (UDN), importante sigla da direita conservadora, fundada em 1945 para fazer oposição ao getulismo. A UDN fora a principal responsável pelo clima de denuncismo e desgaste que levaria Vargas ao suicídio. Na sucessão, entretanto, não conseguiu eleger Távora e sua candidatura de forte retórica moralista.

Ao tomar posse, Juscelino estabeleceu um Plano de Metas, publicado no *Diário Oficial da União* já nos primeiros dias do seu mandato. O crescimento econômico era a base de sua política. Estruturado a partir das ideias defendidas pelos intelectuais do Instituto Superior de Estudos Brasileiros (Iseb), órgão ligado ao Ministério da Educação e Cultura, Juscelino prometia um desenvolvimento acelerado. O slogan de sua campanha era "Cinquenta anos em cinco".

O plano de Juscelino focava no desenvolvimento da indústria nacional, em especial a pesada e a automobilística, na construção de estradas e na produção de energia e de alimentos. Seu governo foi o responsável pela mudança da capital do país do Rio de Janeiro para Brasília. Suas características desenvolvimentistas partiam da análise do Iseb, que pensava o Brasil como uma sociedade defasada e dependente dos países mais avançados, herança de seu passado colonial. O país estaria dividido entre um setor ligado ao atraso, o agrário, e outro moderno, o urbano. Para Juscelino, essa dualidade deveria ser resolvida pela industrialização.

Em sua tese de doutorado, Paulo bebia das mesmas influências dos intelectuais do Iseb, em especial da análise da realidade brasileira feita por Álvaro Vieira Pinto e Guerreiro

Ramos. Como eles, acreditava que o país estava na transição entre um mundo atrasado para um mundo moderno, mas sua preocupação como educador era outra: como preparar a parcela despossuída da população para participar desse processo de desenvolvimento de forma ativa e consciente?

Ao analisar a escola brasileira, Paulo avaliou que havia nela uma tradição antidemocrática. Era uma escola distante da realidade dos pais e dos alunos, sem espírito solidário, marcada pelo individualismo e por uma metodologia em que a grande maioria dos professores ditava aulas, sem discutir ideias — era, enfim, uma escola que não atendia as necessidades de seu tempo. Com essa escola, escreveu, seria impossível educar a população para que tomasse consciência dos desafios colocados pelo desenvolvimento: "Somente uma escola centrada democraticamente no seu educando e na sua comunidade local, vivendo as suas circunstâncias, integrada com seus problemas, levará os seus estudantes a uma nova postura diante dos problemas de contexto".

A exemplo do que tinha experimentado no Sesi, Paulo propunha que os alunos saíssem da escola responsáveis pela sociedade em que viviam, que dialogassem com a comunidade escolar para chamá-la à participação, ajudando, dessa forma, no processo de democratização do país.

No ano seguinte em que defendeu suas ideias no concurso público da Universidade de Recife, Paulo foi convidado pelo prefeito Miguel Arraes para integrar o Movimento de Cultura Popular (MCP), criado em 1960 para organizar os interessados em atuar voluntariamente no trabalho de democratização da educação e da cultura. Ao assumir o governo, Arraes constatou as precárias condições do ensino público, com um número estimado entre 80 mil e 90 mil crianças fora da escola. O MCP buscava uma alternativa para atender a elevada demanda por escolarização, prioridade apontada pela população durante sua campanha à prefeitura. Na primeira reunião no gabinete de

Arraes, na qual estavam presentes intelectuais, artistas e lideranças sindicais que apoiavam seu governo, foram discutidas ideias e formas de trabalho coletivo. Germano Coelho apresentou uma proposta inspirada no movimento francês *Peuple et Culture*, que ele havia conhecido quando realizou seus estudos de pós-graduação na Sorbonne. Com sua proposta aceita, Germano assumiu a coordenação do movimento.

O MCP se configurou como uma entidade da sociedade civil apoiada pelo poder público. Em seu registro cartorial, figuravam 120 fundadores, entre eles Paulo Freire. A primeira atividade do movimento foi fazer um levantamento dos espaços disponíveis na cidade para abrigar salas de aula. Em paralelo, a prefeitura providenciou mesas e cadeiras, muitas delas ainda em madeira bruta, que depois seriam trabalhadas por apoiadores do movimento e por pais dos alunos para transformá-las em mobiliário escolar.

No começo, o MCP priorizou o ensino de crianças. Gradativamente, a forte presença de artistas e intelectuais acabou por estendê-lo ao amplo campo da educação de adultos e das expressões artísticas e culturais, resgatando manifestações folclóricas e de tradições diversas, cantos e danças populares, artes plásticas e artesanato. A dimensão cultural do movimento ganhou a cidade: das margens do rio Capibaribe ao centro, nas periferias, em qualquer espaço em que a população pudesse se apresentar ou assistir a alguma apresentação.

Passado o primeiro ano, o MCP contava com um núcleo central sediado na prefeitura, uma galeria de arte e 58 Centros de Cultura Popular. Seu planejamento previa para os anos seguintes um teatro, uma biblioteca e um espaço para artesanato e artes plásticas. A rádio da Universidade de Recife passou a transmitir programas captados por receptores instalados nas associações, em apoio às atividades realizadas por elas.

Apesar de o MCP ser uma associação civil, juridicamente independente, a presença quase orgânica do poder público contribuiu para a constituição das bases populares do projeto político de Miguel Arraes, prefeito reconhecidamente alinhado ao campo político da esquerda. Com sua eleição ao cargo de governador, em 1962, Arraes daria continuidade ao trabalho do MCP em outras cidades de Pernambuco. Paulo o acompanhou, à frente do setor de educação destinada a adultos.

Com a ampliação do movimento, a alfabetização de jovens e adultos tornou-se uma demanda crescente — Recife contava com quase 200 mil pessoas que não haviam frequentado o ensino fundamental. Muitos dos Centros de Cultura Popular passaram a oferecer cursos para adultos como principal atividade, complementados por educação artística e cultural.

Ao lado do desenvolvimento econômico, a ideia do povo como o agente da transformação social se multiplicava. A Companhia Arena, fundada em São Paulo em 1953 pelo dramaturgo José Renato — dois anos depois tornou-se o Teatro de Arena e agregou diversos dramaturgos, entre eles Gianfrancesco Guarnieri, Oduvaldo Vianna Filho, o Vianninha, e Augusto Boal —, e o Cinema Novo, articulado nos anos 1960 com Nelson Pereira dos Santos, Ruy Guerra, Glauber Rocha, entre outros, voltariam suas produções a um realismo que permitisse debater a situação social brasileira. O mesmo ocorreria com a música e as canções de protesto, nacionais e latino-americanas, em sintonia com os setores comprometidos com a mudança social.

No MCP, refletindo o clima geral, as atividades culturais começaram a se politizar e a se diversificar quanto às formas de expressão, incorporando o teatro e o cinema, organizando mesas-redondas depois das apresentações para despertar o espírito crítico dos espectadores.

No documento que redigiu como responsável pela área de educação de adultos do MCP, Paulo retomou os temas e os conceitos sistematizados em sua tese. Alertava para o perigo da desumanização, da massificação, da desespiritualização da população frente à realidade vivida, afirmando que, se não houvesse diálogo entre as elites e o povo, entre professores e alunos, entre pais e filhos, nos sindicatos, no trabalho social, no próprio MCP — enfim, se não houvesse diálogo em espaços de convivência, a participação social ativa dos setores subordinados não aconteceria. Para enfrentar essa situação, defendia que o trabalho do MCP fosse realizado em pequenos grupos, de organização horizontal e democrática. Paulo projetava os Centros de Cultura como espaços em que todos tivessem o direito de se expressar e expor suas ideias sobre os temas trazidos pela população, de modo a identificar as causas dos problemas apresentados e discutir sobre como solucioná-los.

Com o crescimento do ensino de adultos como atividade do MCP, alguns deles em estágio de alfabetização, outros já avançados em cursos de pós-alfabetização, o movimento passou a demandar um material de apoio específico para os monitores. As professoras Josina Maria Lopes de Godoy e Norma Porto Carreiro Coelho elaboraram então o *Livro de leituras para adultos*. O material didático tinha um projeto político definido, presente já em sua apresentação: "Um instrumento de cultura para emancipação do povo". Para estimular os debates, constavam no texto conteúdos voltados ao contexto cotidiano da população.

O livro foi bem aceito pelos participantes, mas não era o que Paulo procurava. Mesmo reconhecendo o seu valor e o avanço em relação aos materiais tradicionais, infantilizados e vazios de conteúdos políticos, estava insatisfeito, considerou a obra insuficiente para estimular a participação efetiva dos alunos. Paulo não era favorável à elaboração de cartilhas, pois as considerava externas ao processo educativo, entendia que não estimulavam o aluno a pensar com seus próprios recursos. Como responsável pelo setor de educação, não poderia se ater ao que havia sido desenvolvido até o momento, mas não tinha como evitar a sua utilização, caso não apresentasse uma metodologia alternativa.

Paulo notou que algumas discussões fluíam bem quando apoiadas por materiais visuais, como cartazes, desenhos ou slides, ou com a presença de especialistas convidados. Pensou que poderia desenvolver algo semelhante também para a alfabetização; estudava, lia materiais diversos, conversava com Elza, aproveitando a sua experiência como professora primária e alfabetizadora.

Uma cena trivial com o filho Lutgardes, quando o caçula tinha dois anos, despertaria Paulo para uma solução. Havia na época uma propaganda do achocolatado Nescau na televisão: sempre que o produto aparecia, tocava uma música. Um dia, passeando de carro com o filho, os dois depararam com uma enorme lata de Nescau em um ponto de ônibus. O menino imediatamente apontou para o cartaz e falou "Nescau", e cantou a música que ouvia sempre na televisão. Surpreso, Paulo pensou: "Ele leu a palavra!". A partir do episódio, passou a elaborar as bases de um método que conectasse imagem e palavra e que incorporasse a experiência do aluno no processo de aprendizagem da leitura e da escrita.

Depois de preparar o material de apoio, Paulo consultou Maria, a "Mãe", que não sabia nem ler nem escrever: ela participaria de uma experiência de alfabetização? Paulo a convidou para ir até uma biblioteca e lá projetou um slide com a figura de um menino; embaixo da imagem estava escrita a palavra "menino". Perguntou o que ela estava vendo e Maria respondeu com segurança: "É um menino". Na sequência, projetou a mesma imagem, mas apenas "meni" estava escrito na legenda. Perguntou novamente o que ela estava vendo. Ela respondeu que via um menino, mas que faltava um pedaço na palavra. Continuou, animado com o que presenciava. Projetou a mesma imagem, desta vez acompanhada da palavra "meno", ao que ela respondeu, depois de observar por um tempo, que faltava um pedaço no meio. Já demostrando cansaço, Maria viu a imagem seguinte, agora com a palavra "nino". Ela respondeu que faltava o começo, mas disse que já estava cansada e que precisava voltar aos seus afazeres. Paulo estava convencido de que havia encontrado um caminho.

Passou a desenvolver o que havia descoberto através de seu filho e de Maria, priorizando temas que fossem de interesse das pessoas que seriam alfabetizadas. Produziu imagens sobre os assuntos; depois, definiu as palavras que seriam colocadas junto das imagens, como testara com Maria. Por exemplo, ao pensar em um tema relativo às condições de trabalho de um grupo de pedreiros, definiu que usaria a projeção da imagem de um tijolo, embaixo a palavra "tijolo" escrita. O grupo discutiria a temática a partir de perguntas feitas pelos coordenadores de ensino: "O que vocês estão vendo? Para que serve o tijolo? Quem trabalha com o tijolo? Quais as condições de trabalho do pedreiro ou do servente?". O interesse pelo debate levaria o educando a ler a palavra tijolo. Em um segundo momento a palavra seria apresentada em pedaços: ti-jo-lo; na sequência, as imagens se repetiriam com a ausência de uma ou outra sílaba. Finalmente, as famílias das sílabas seriam apresentadas: ta-te-ti-to-tu, ja-je-ji-jo-ju, la-le-li-lo-lu. A partir da apresentação das famílias silábicas, os alunos seriam convidados a formar novas palavras com os pedaços das famílias, como tatu, tito, lulu etc.

Paulo decidiu realizar a primeira experiência com a metodologia em uma escola do bairro do Poço da Panela, em Recife, junto com Elza e uma sobrinha, Adozinda. Eram apenas cinco pessoas, duas acabaram desistindo no processo, mas as três que continuaram mostraram resultados surpreendentes. Ao conversar sobre os frutos dessa primeira tentativa, Paulo e Elza perceberam que o melhor seria não definir os temas antecipadamente, mas deixá-los surgir da observação do grupo sobre a própria realidade. Essa primeira ação no Poço da Panela marcou definitivamente o educador. Por muitos anos falaria dela como a primeira experiência de alfabetização com o que viria a ser chamado de Método Paulo Freire de Alfabetização. A segunda experiência foi realizada com um amigo em uma repartição da prefeitura de Recife. A partir de um bate-papo com funcionários analfabetos, anotaram temas do cotidiano deles e um conjunto de palavras — instrumentos de trabalho estavam entre as selecionadas — para compor as aulas. Foram 25 matriculados.

Uma vez desenhado o método, a equipe do SEC passou a testá-lo e aprimorá-lo em diversas experiências. Foi assim em Natal, no Rio Grande do Norte, com a campanha "De pé no chão também se aprende a ler", promovida pelo prefeito Djalma Maranhão a partir de fevereiro de 1961 e com a Campanha de Educação Popular da Paraíba (Ceplar), criada em 1962 por profissionais recém-formados oriundos da Juventude Universitária Católica (JUC), um dos ramos da Ação Católica, e por outros estudantes universitários.

Os primeiros anos da década de 1960 foram marcados por fortes mobilizações políticas, com confronto de posições entre diversos setores da sociedade. Apoiado por uma coligação de partidos conservadores, Jânio Quadros sucederia a Juscelino a partir de 1961. Com eleições então separadas, João Goulart, do progressista PTB, se reelegeu ao posto de vice-presidente, criando uma situação nova no cenário político brasileiro — um presidente conservador com um vice apoiado pelos partidos de esquerda. Principal liderança do campo conservador, mas sem um candidato viável ao pleito, a UDN apoiou Jânio em função de seu posicionamento de austeridade moral e de luta contra corrupção — e também por perceber que a sua vitória era inevitável.

Jânio tinha sido eleito vereador por São Paulo em 1947, e nos sete anos seguintes, deputado estadual em São Paulo (1950), prefeito da capital (1953) e governador (1954). Em rápida ascensão, era um candidato viável à presidência: estava embalado em um discurso que atendia aos anseios da população, já que prometia combater a inflação, a alta do custo de vida, a corrupção e o desperdício de recursos públicos em grandes obras, em uma clara crítica ao governo Kubitschek. Ao mesmo tempo, Jânio também se apresentava como um candidato acima dos partidos e diferente na maneira de agir. Vestia-se mal, com a gravata em desalinho, sentava-se no chão com os eleitores e brandia uma vassoura nos comícios em que prometia limpar o país. Depois de eleito, estabeleceu comissões de sindicância para uma devassa contra a corrupção nos órgãos públicos, sem apoio jurídico. Aboliu a gravata e determinou o uso de uniforme nas repartições. Vetou corridas de cavalos e o lança-perfume no Carnaval. Proibiu o uso de biquínis e definiu o tipo de maiô a ser utilizado nos concursos de misses. No plano político, em plena Guerra Fria, condecorou Che Guevara, então ministro da indústria de Cuba, e enviou Jango em missão comercial à República Popular da China, acirrando o conflito com os conservadores. No plano econômico, implementou políticas de austeridade, aumentando o descontentamento da população, o que irritou seus aliados da esquerda.

Em agosto de 1961, oito meses depois de tomar posse após uma série de atos pouco convencionais, Jânio renunciou ao mandato e criou um impasse em relação à posse de seu vice, João Goulart. Claramente posicionado à esquerda de Jânio, Jango ainda estava em missão na China quando as forças conservadoras tentaram impedir que a Constituição fosse cumprida. Em meio ao risco de um conflito armado entre opositores e defensores de sua posse imediata, o parlamentarismo foi implantado como uma solução negociada. De volta do exterior, Jango tomou posse em setembro de 1961, mas com os poderes constitucionais limitados, em mais uma ameaça à democracia brasileira.

5.
"Hoje já não somos massa, estamos sendo povo"

O clima de polarização que gerou a crise institucional na sucessão de Jânio Quadros refletia o ambiente geral da sociedade brasileira. O país vivia momentos de grande instabilidade política e econômica, com setores populares insatisfeitos com a inflação e com o aumento do desemprego. As forças institucionais da esquerda se dividiam entre os que defendiam as necessárias reformas de base, pressionando o enfraquecido governo Jango a realizá-las, e os que apostavam na possibilidade de mudanças revolucionárias. O campo conservador, tradicional na política brasileira, via na crise a possibilidade de estabelecer um governo autoritário, que controlasse os conflitos com mão forte, mesmo à custa da ainda tênue democracia do país, garantindo, dessa forma, seus privilégios. Em meio à disputa, a população se organizava para defender direitos sociais e econômicos, com os sindicatos em greve, os estudantes mobilizados e professores e artistas exigindo mudanças.

Uma parcela importante da Igreja Católica se voltava progressivamente à ação no campo político e social, apoiando os fiéis mobilizados. A estrutura clerical passava por mudanças internas profundas, que desaguariam no Concílio Vaticano II, realizado durante a primeira metade dos anos 1960, convocado pelo papa João XXIII. O encontro fortaleceu um compromisso renovado da Igreja com os mais pobres, não mais centrado apenas em caridade e assistencialismo, tradicionais na doutrina cristã, mas em ações concretas de transformação das condições de vida da população carente. Na América Latina, esse movimento foi impulsionado por uma nova teologia, a Teologia da Libertação, que orientava os cristãos para uma interpretação progressista do evangelho e os convocava para o debate. As disputas político-partidárias, o engajamento de setores sindicais e estudantis em mobilizações sociais, o envolvimento dos cristãos em ações na base da sociedade, tais fatores propiciaram um ambiente favorável às várias atividades desenvolvidas no campo da educação e da cultura junto aos setores populares, com objetivo de angariar seu apoio. Era crescente a participação de intelectuais, artistas e lideranças sociais, a exemplo do que vinha acontecendo em Recife, com o Movimento de Cultura Popular, e em João Pessoa e Natal, com os trabalhos de alfabetização, em grande parte utilizando o Método Paulo Freire. A presença dos estudantes universitários e secundaristas, vinculados ou não a partidos ou a setores da Igreja, seria fundamental para estender as mobilizações por todo o território nacional.

Com a ajuda do governo federal, ainda na administração de Jânio, a Conferência Nacional dos Bispos do Brasil (CNBB) criou o Movimento de Educação de Base (MEB) em 1961. O objetivo era ampliar sua atividade educacional, desenvolvida desde a década anterior em Natal, para o país inteiro. Cineastas e dramaturgos interessados em atuar de forma mais próxima aos setores populares organizaram em 1962 os Centros Populares de Cultura. Com discussões baseadas na apresentação de filmes ou de peças de teatro centradas na realidade brasileira, os CPCs seriam difundidos pela União Nacional dos Estudantes (UNE). Em meio a essas iniciativas diversas, vários grupos se dedicariam à alfabetização de adultos. A metodologia desenvolvida por Paulo Freire acabaria por se multiplicar nacionalmente, já que facilitava a associação das ações de conscientização política a todo tipo de trabalho educacional.

Paulo, conversador por natureza, não deixava de falar sobre o seu entusiasmo pelo método de alfabetização que vinha desenvolvendo, não só pelos rápidos resultados obtidos, mas também pela forma como seu sistema foi aceito por um conjunto de atores sociais tão amplos. Acompanhado pela equipe do Serviço de Extensão Cultural da Universidade de Recife, tratou de registrar o que já havia sido realizado para que pudesse servir de referência aos interessados em conhecer seu método e aplicá-lo. Os textos sobre os fundamentos e orientações para empregar o sistema foram consolidados em uma coletânea de artigos publicados na *Revista de Cultura* nº 4, de 1963, da Universidade de Recife. Paulo assinou um deles, "Conscientização e alfabetização: uma nova visão do processo", no qual estendeu os conceitos trabalhados na sua tese de doutorado, avaliando como eles foram aplicados no desenvolvimento da metodologia de alfabetização que vinha aprimorando. Dois outros textos abordaram o método: "Conscientização e alfabetização: Uma visão prática do sistema Paulo Freire", de Aurenice Cardoso, e "A fundamentação teórica do sistema Paulo Freire", de Jarbas Maciel. O artigo de Paulo, somado aos textos de seus colegas, passou a circular amplamente, fundamentando as múltiplas atividades de alfabetização.

Uma das pessoas com quem Paulo conversou a respeito de seu método foi o amigo Odilon Ribeiro Coutinho, deputado federal pelo Rio Grande do Norte. Falou sobre a emoção de ver Joaquim, um dos alunos de sua primeira experiência, no Poço da Panela, em Recife, escrever pela primeira vez a palavra "Nina". Paulo contou como Joaquim expressou grande entusiasmo ao ver que era capaz de juntar as sílabas "ni" e "na" e escrever o nome da esposa, emocionando os colegas. Comentou também a surpresa com a velocidade dos resultados e o poder de motivação de seu sistema, diante da possibilidade de aprendizado contínuo. Odilon dividiu as impressões sobre essa conversa com o jovem e dinâmico governador do Rio Grande do Norte, Aluízio Alves, eleito em 1961 pelo campo conservador. Curioso, Aluízio pediu a Calazans Fernandes, seu secretário de Educação, que entrasse em contato com Paulo. Quem sabe ele pudesse ajudar na alfabetização de adultos no estado.

O convite foi feito em um domingo do fim de 1962, em Recife, para onde Calazans Fernandes viajou com o objetivo de encontrar Paulo. O educador, ao voltar de um passeio com a família, se surpreendeu com a presença do secretário na porta de casa. Conversaram e estabeleceram algumas condições a serem discutidas com o governador: que o trabalho fosse realizado através de um convênio entre o governo do Rio Grande do Norte, ou a Superintendência de Desenvolvimento do Nordeste e a Secretaria de Extensão Cultural da Universidade de Recife; que as despesas fossem de responsabilidade do governo do estado e de nenhuma agência internacional; que não houvesse nenhuma interferência no trabalho que já estava sendo realizado em Natal, a convite do prefeito Djalma Maranhão, adversário político do governador; que os trabalhos fossem realizados por universitários de Natal, sob sua supervisão, em contato com a secretaria de Educação do estado; e que não houvesse interferência política de nenhuma natureza.

Alguns dias depois, Paulo recebeu a notícia de que o governador gostaria de conversar sobre a proposta apresentada e o convidava para ir a Natal. Com os termos do acordo acertados, Paulo iniciou os trabalhos na mesma viagem: visitou a Universidade do Rio Grande do Norte para conversar com os alunos que encampariam o projeto. Escolheram a cidade de Angicos para a primeira experiência.

Duas questões políticas teriam que ser administradas por Paulo e sua equipe. Os recursos viriam da Aliança para o Progresso, programa lançado em 1961 pelo então presidente americano John Kennedy, para reforçar o protagonismo de seu país no desenvolvimento na América Latina. Os Estados Unidos se preocupavam com a presença do bloco socialista na região desde a Revolução Cubana, em 1959. Com os fundos assegurados pelo governador em viagem aos Estados Unidos, as despesas do projeto seriam pagas em convênio firmado entre a Sudene e o Ministério da Educação. Diante das críticas que recebeu — foi acusado de estar a serviço de interesses imperialistas —, Paulo se assegurou de que seu relacionamento seria única e exclusivamente com as instâncias estaduais e federais. Se não houvesse interferência política de nenhuma ordem, não via problema de o financiamento para a ação no Rio Grande do Norte vir da Aliança para o Progresso.

Quanto à indicação de Angicos para sediar o programa, a dificuldade dizia respeito a conflitos de natureza regional. Berço político do governador Aluízio Alves, a escolha da cidade no interior tinha o claro objetivo de reforçar suas bases eleitorais; assim, Alves poderia fazer frente à bem-sucedida experiência encampada pelo adversário Djalma Maranhão em Natal, também apoiada pelo SEC. Para neutralizar a possível exploração política de seu programa, Paulo tentou restringir ao máximo as visitas de representantes partidários aos Círculos de Cultura em funcionamento — o que se mostraria quase impossível diante do clima de polarização.

A equipe do SEC iniciou a formação dos estudantes em dezembro de 1962. Apresentaram-se para o trabalho em Angicos não apenas alunos de pedagogia, mas também lideranças estudantis de outros cursos, interessadas em participar das ações de alfabetização naquele contexto de mobilização política.

Presidente da União Estadual dos Estudantes (UEE) do Rio Grande do Norte, ligada à UNE, o aluno de direito Marcos Guerra assumiu o cargo de coordenador da alfabetização de adultos do governo de Aluízio Alves. Diante dos constrangimentos no movimento estudantil por se associar a um governo conservador em ação financiada pela Aliança para o Progresso, pouco depois Marcos anunciou seu desligamento do cargo de presidente da UEE.

O trabalho em Angicos começou com a visita dos estudantes para conhecer a realidade local, levantar o número de analfabetos, estimulá-los a participar das aulas e pensar os temas a serem trabalhados na alfabetização, assim como as palavras mais utilizadas pelos moradores. O processo de aproximação dos estudantes da capital com a população da cidade do interior seria, em si, um importante momento de aprendizagem coletiva.

Localizada a cerca de duzentos quilômetros de Natal, Angicos era uma típica cidade do sertão nordestino. Com pouco mais de trezentas ligações elétricas alimentadas por gerador, era muito pobre; contava com uma pequena área central em que havia comércios populares, igreja, correio, dois hotéis, duas pensões, um cinema, uma quadra de esportes e um mercado municipal. Havia ali dois grupos escolares, quatro colégios particulares e uma escola rural isolada. Era abastecida por dois açudes e tinha um campo de pouso de terra batida. A maioria da população vivia do trabalho na roça, plantando feijão, batata, milho e jerimum para subsistência. A cultura e o beneficiamento de algodão para produzir óleo e fios eram as principais fontes de renda do município. Em 1959, o cultivo do algodão ocupava uma área de 18 mil hectares e a produção chegou a 1800 toneladas, o que representou 91% do total da produção agrícola de Angicos naquele ano — conforme levantamento do Instituto Brasileiro de Geografia e Estatística (IBGE).

O Censo de 1960 registrava 9542 habitantes na cidade potiguar; 25% moravam na zona urbana e 75% na zona rural. O levantamento inicial mostrou que havia analfabetos em ambas as áreas. Cerca de trezentas pessoas se inscreveram para participar do curso de alfabetização, convidadas por alto-falantes instalados em carros e principalmente nas visitas dos estudantes às residências. As conversas com os habitantes aconteciam em suas próprias casas, mas também nas lojas e nas praças e em outras partes movimentadas da cidade.

Angicos se agitava com a expectativa do início dos trabalhos. Filhos estimulavam os pais, amigos e parentes incentivavam uns aos outros para que superassem a resistência e participassem do projeto. Além dos locais públicos, muitas famílias cederiam espaços próprios para montar salas de aulas. Cadeiras improvisadas chegavam carregadas pelos alunos, que as levavam de volta ao término das aulas. O clima era positivo e estimulante. Entre os matriculados, 66 disseram que a motivação para participar do programa era melhorar de vida; 26 queriam ser motoristas; 23, ler os jornais; vinte, ser professores; vinte moças almejavam ser costureiras; dezoito inscritos indicaram que tinham a intenção de "saber mais"; dezessete queriam escrever cartas para amigos e parentes; quinze, ajudar os outros; onze, ser comerciantes; dez, votar; quatro, trabalhar com música; e outros quatro queriam poder ler a Bíblia.

Treze estudantes que trabalhavam de forma permanente em Angicos receberam formação especial do SEC. Outros oito foram preparados para atuar de modo flexível, atendendo as necessidades que surgissem ao longo do programa. No primeiro grupo estava Maria Madalena, filha mais velha de Paulo, então com dezessete anos, que se envolveu com entusiasmo naquilo que pensava ser uma revolução educacional. Organizada em dez aulas, a formação abordou os seguintes temas: atualidade brasileira, deficiência e inorganicidade da educação no Brasil, elaboração de material audiovisual, pesquisa vocabular, seleção das palavras geradoras, e prática e metodologia de ensino.

No dia 18 de janeiro de 1963, o governador Aluízio Alves e o secretário de Educação e Cultura Calazans Fernandes realizaram a solenidade de abertura, que contou com a presença de jornalistas e fotógrafos e dos estudantes coordenadores dos Círculos de Cultura, como passaram a ser chamadas as classes de alfabetização. No entanto, por causa de um atraso na chegada de equipamentos e materiais didáticos, as aulas só iniciaram uma semana depois, em 24 de janeiro. O trabalho de alfabetização começava com uma discussão para valorizar o conhecimento dos alunos, a sua cultura. Os coordenadores dialogavam com eles a partir de cartazes, enfatizando o saber de cada um: se o professor ensinava as letras, uns sabiam plantar, outros caçar e pescar, o marceneiro trabalhava com a madeira, o cozinheiro fazia a comida. Os conhecimentos eram diversos, todo mundo cultivava o seu e por meio do seu trabalho as pessoas construíam a sua vida. Na sequência, a turma passava a trabalhar com foco nos temas de interesse dos alunos, com base em imagens e palavras projetadas por aparelhos a querosene. Para o curso, planejado para durar 40 horas, foram selecionadas previamente dezessete palavras, entre elas "belota", "sapato", "voto", "povo", "feira", "xique-xique".

Os educadores passaram a morar na cidade, inclusive no período das férias escolares. As atividades aconteciam no período da noite e, durante o dia, os grupos aproveitavam para discutir a dinâmica em sala de aula, as dificuldades e os acertos vividos no dia anterior, sempre com a perspectiva de aprimorar o trabalho e preparar as aulas seguintes. Trabalhava-se muito. As questões decorrentes da aplicação do método eram discutidas com a equipe do SEC, que se deslocava até Angicos a cada quinze dias para acompanhar os trabalhos e avaliar os resultados. De modo geral, os alunos começavam a ler e escrever as sílabas para formar as primeiras palavras em um período muito curto, mas evoluíam de forma desigual. Mesmo que alguns tenham evoluído mais rápido do que outros, todos chegaram ao término do curso orgulhosos em conseguir escrever seus nomes, discutir e conhecer melhor alguns de seus problemas. O ambiente era de felicidade, de dedicação e gratidão pela oportunidade que recebiam de poder se alfabetizar.

A cerimônia de encerramento estava marcada para 2 de abril de 1963. O governador Aluízio Alves iniciou a solenidade destacando que ali, em Angicos, havia sido realizada "uma experiência de alfabetização em massa, cuja característica principal é a de ser feita em 40 horas". Afirmou que, naquele curto período, mais de quatrocentos iletrados "aprenderam a ler e escrever e a conhecer os problemas atuais, os problemas da nossa época, pelas aulas de politização que eram dadas simultaneamente às aulas de alfabetização". Agradeceu aos presentes anunciando que a experiência iria se espalhar por mais dez cidades e ocorreria também na capital, com a previsão de, em três anos, atingir 200 mil adultos no Rio Grande do Norte.

A quadragésima e última aula, tão esperada por alunos e coordenadores, foi aberta pelo presidente da República, João Goulart, diante de todos os governadores do Nordeste, de vários ministros e autoridades, de representantes da Sudene e da Aliança para o Progresso, de Paulo Freire e de familiares dos participantes, além do comandante do IV Exército, o general Humberto de Alencar Castello Branco. Entre agradecimentos e congratulações, o presidente se dirigiu a Paulo como eminente professor, "idealizador deste curso rápido de alfabetização", afirmando desejar que ele se espalhasse por todo o território nacional e proporcionasse melhores condições de vida para o povo. Concluiu o presidente Jango:

> Que Deus nos ajude para que esta alfabetização possa lhes proporcionar, no futuro, não somente o conhecimento mais amplo da nossa Pátria, das nossas leis, mas acima de tudo, que possa uni-los nas reivindicações constantes dos pobres, dos humildes, dos alfabetizados e analfabetos na luta

constante pelas suas reivindicações por um clima de paz, por um clima de justiça social e por um Brasil emancipado.

Na sequência, Paulo fez um apanhado do que havia sido realizado em Angicos, e foi sucedido espontaneamente por um dos alunos do programa. Antônio Ferreira tomou a palavra para contar que havia escrito uma carta ao presidente, na qual dizia: " [...] e do mais que peço a sua majestade que é a pessoa maior que nós enxerguemos no Brasil... peço que continue o curso de aula para nós todos... para melhorar a situação do Brasil, para mais tarde servir mesmo para o senhor presidente da República, para o governador do estado e para nós todos". O aluno seguiu com seu discurso sem constrangimento, solicitando que o ensino continuasse não só em Angicos, mas em todo o país. Refletindo sobre a postura política dos governantes, Antônio afirmou:

> Naquele tempo anterior, veio o presidente Getúlio Vargas matar a fome do pessoal, a fome da barriga — que é uma doença fácil de curar. Agora, na época atual, veio o nosso presidente João Goulart matar a precisão da cabeça que o pessoal todo tem a necessidade de aprender. Temos muita necessidade das coisas que nós não sabia e que hoje estamos sabendo. Em outra hora, nós era massa, hoje já não somos massa, estamos sendo povo.

Antônio Ferreira foi aplaudido com entusiasmo por todas as pessoas, a experiência de Angicos foi extremamente marcante para a cidade. A população pobre, ansiosa por atenção do poder público, tinha sido ouvida, enfim. Educadores e alunos também sairiam transformados pela importância de ter participado de uma experiência inovadora. Angicos definiu o futuro de Maria Madalena, que, a partir do que vivera, decidiu tornar-se educadora.

Ao final da solenidade, o general Castello Branco comentou com Calazans Fernandes que o trabalho realizado em Angicos o preocupava, pois serviria "para engordar cascavéis nesses sertões". No jantar oferecido naquela noite de 1963, o general disse a Paulo que já havia sido alertado sobre o seu caráter subversivo — e que agora estava convencido disso por sua defesa de uma "pedagogia sem hierarquia". A manifestação do general, que foi empossado na presidência com o golpe militar, explica a rapidez com que Paulo seria preso já no ano seguinte, em meio à implantação do Programa Nacional de Alfabetização.

Participar da cerimônia de encerramento do curso fez com que Jango partisse de Angicos convencido da relevância do que presenciara na cidade. A ampla repercussão dos resultados da experiência não vinha apenas da novidade do método, um curso de alfabetização em 40 horas, mas também de uma perspectiva ressaltada pela imprensa: o sistema poderia solucionar o problema do analfabetismo no país mobilizando politicamente setores até então marginalizados da sociedade brasileira. A revista *O Cruzeiro* tratou do assunto em uma reportagem publicada no dia 4 de maio de 1963: "Na semana passada, o presidente da República — depois de viajar mais de mil quilômetros de 'Caravelle' até Natal e mais 150 quilômetros em um DC-3 da FAB — deu a aula de encerramento, ou a quadragésima hora de aula, do mais rápido e eficiente curso de alfabetização de adultos que se conhece". A conclusão do texto, que comentava a importância do método para a tomada de consciência política — "votar bem é o que foi ensinado" — dizia: "Não é possível esconder uma verdade: tanto quanto os coronéis udenistas e pessedistas, os comunistas não toleram o que foi feito em Angicos".

Foi com base na experiência em Angicos que Paulo de Tarso, o ministro da Educação e Cultura, convidou Paulo Freire, em junho de 1963, para liderar uma ação nacional de alfabetização de adultos. Inicialmente, ele presidiria a Comissão de Cultura Popular, que tinha caráter nacional, para atuar em áreas onde não havia escolas. Além de Paulo Freire, a comissão era composta por Herbert José de Souza, o Betinho, Júlio Sambaqui, que depois assumiria o MEC, Luiz Alberto Gomes de Souza e Roberto Saturnino Braga.

Em setembro de 1963, Recife sediaria o I Encontro Nacional de Alfabetização e Cultura Popular. A iniciativa foi mais um passo no processo de mobilização da sociedade em favor dos setores populares, que culminava agora em uma grande divulgação do que vinha sendo feito para alavancar a alfabetização no Brasil. Estiveram presentes os diversos movimentos surgidos nos anos anteriores, como o Movimento de Cultura Popular, já disseminado pelo Brasil, a campanha de alfabetização "De pé no chão também se aprende a ler", de Natal, a Ceplar, experiência realizada na Paraíba, o Movimento de Educação de Base, da Conferência Nacional dos Bispos do Brasil, assim como os Centros Populares de Cultura, levados adiante pela UNE e pelas Uniões Estaduais de Estudantes. Ao todo, participaram 74 organizações com mais de duzentos representantes estaduais, a maioria envolvida diretamente com a alfabetização de adultos.

Promovido pelo MEC, com o apoio local do MCP, o encontro foi articulado pelo ministro Paulo de Tarso e outros agentes do campo político progressista. No contexto de acirramento de posições, era fundamental angariar apoio político dos grupos que atuavam na formação do espírito crítico de setores populares da sociedade. Os temas discutidos — alfabetização de adultos, formação política e para o trabalho, valorização da cultura popular, entre outros — ecoaram as ações realizadas pelos movimentos.

Já mergulhado na organização do Programa Nacional de Alfabetização (PNA), Paulo não esteve presente, mas o que havia plantado, sim — seu pensamento e prática permearam todas as discussões. Luiz Alberto Gomes de Souza representou a Comissão Nacional de Cultura Popular e leu a mensagem do ministro Paulo de Tarso sobre o sentido daquele encontro:

> A política educacional não pode marginalizar-se escapando da verdadeira problemática do Brasil. Rotinas pedagógicas são estéreis numa sociedade que caminha para a libertação. O Brasil nos lança o desafio: temos de viver os problemas do nosso tempo, pois falarão no vazio aqueles que vivem na saudade do passado.

Em 21 de janeiro de 1964, um novo decreto instituiu o "Programa Nacional de Alfabetização mediante o uso do Sistema Paulo Freire, através do Ministério da Educação e Cultura". O programa deveria contar com a colaboração e os serviços de "agremiações estudantis e profissionais, associações esportivas, sociedades de bairros e municipalistas, entidades religiosas, organizações governamentais, civis e militares, associações patronais, empresas privadas, órgãos de difusão, o magistério e todos os setores mobilizáveis". O decreto estabelecia ainda que os trabalhos fossem iniciados em duas áreas do território nacional a serem definidas pelo MEC.

O Programa Nacional de Alfabetização tinha como meta alfabetizar 5 milhões de pessoas. Os alunos não só aprenderiam a ler e a escrever, mas também ganhariam o direito de votar, ampliando o colégio eleitoral em quase 40%. Se atingidos os seus objetivos, o PNA democratizaria o cenário das eleições futuras ao incorporar pelo voto uma grande massa dos setores populares. Segundo as expectativas da equipe e do governo federal, as áreas dos currais eleitorais, dominadas por correntes políticas tradicionais, passariam a ter eleitores com consciência política. Com a perspectiva da perda de privilégios naturalizados, os setores mais conservadores, com apoio dos militares, veriam no PNA e em Paulo Freire uma ameaça a ser combatida. O golpe militar de abril de 1964 desarticulou um dos momentos mais criativos e efervescentes para a educação crítica e a cultura popular no país, mas o Método Paulo Freire e sua concepção de educação resistiriam por muitos anos em projetos na base da sociedade. Fugindo do controle do Estado, espalharam-se não apenas no Brasil, mas também na América Latina, tendo chegado depois a outros continentes. O PNA foi imediatamente extinto após o golpe, e Paulo Freire, encarcerado. Os currais eleitorais continuariam elegendo seus políticos conservadores, desinteressados na consolidação de um sistema de educação mais abrangente e inclusivo.

6.
"Viva o oxigênio!"

Quando Paulo Freire partiu em direção à Bolívia, em outubro de 1964, carregava na mala roupas, poucos livros, alguns trocados e sua carteira de identidade. Não sabia o que viria pela frente, o que esperar de sua trajetória pessoal e profissional. Seguia apreensivo quanto à própria integridade física e à sobrevivência de seus filhos e de Elza. Sentia-se angustiado por não saber quando voltaria a ver a família, apesar de todo o apoio que estavam recebendo. No avião, em companhia do embaixador da Bolívia, repassava os últimos acontecimentos: deixava o Brasil para trás — pessoas queridas e um legado cuja dimensão ainda não era capaz de avaliar. Tornara-se um exilado.

Ao desembarcar em Santa Cruz de La Sierra, despediu-se ainda no aeroporto do embaixador, que voltaria ao Brasil depois de cumprir a missão de retirá-lo do país em segurança. Em seguida, partiu para seu destino final, La Paz. Nessa primeira noite, dormiu embalado pelo cansaço e pela emoção da mudança, mas ao acordar começaria a sentir os efeitos de viver em uma cidade a mais de 3500 metros de altitude: tontura, enjoos, mal-estar, fadiga. Precisou se recolher e atendeu aos apelos de seus anfitriões para que ficasse quieto, aceitasse o chá de coca, fumasse o mínimo possível e aguardasse o incômodo passar.

Paulo levaria alguns dias para se acostumar à altitude, o que inicialmente lhe pareceu impossível. Sentia-se realmente muito mal. Só saiu de casa para cumprir sua obrigação de exilado político — apresentar-se à polícia boliviana para ser registrado — dias depois, quando começou a se sentir um pouco melhor. La Paz era uma cidade muito diferente de tudo o que já tinha visto, com sua população majoritariamente indígena, espalhada por ruas e praças com suas vestes coloridas e vendendo todo tipo de produto.

Recebeu um atendimento atencioso quando apresentou seus documentos para averiguação. Para concluir seu registro, um policial lhe pediu uma foto. Como Paulo não tinha nenhuma consigo, o funcionário indicou um estabelecimento onde ele poderia tirar um pequeno retrato. Quando perguntou ao homem que o atendeu quando poderia buscar a foto, ouviu: "Na segunda, antes das cinco, pois haverá uma revolução!". Voltou para casa com a frase na cabeça e narrou o estranho diálogo. Os exilados mais experientes confirmaram que era assim mesmo que as coisas aconteciam na Bolívia. Dito e feito: às cinco da tarde daquela segunda-feira começaram os disparos que derrubariam o governo progressista de Víctor Paz Estenssoro, que acabara de acolhê-lo. Em novembro de 1964, sete meses depois do golpe militar no Brasil, a democracia também seria extinta pelos militares na Bolívia, em uma manobra articulada por René Barrientos Ortuño, vice de Estenssoro. Eleito em maio daquele ano para seu terceiro mandato, o presidente seria obrigado a exilar-se em Lima, no Peru.

Com os documentos de permanência regularizados, mas ainda sem o emprego a ele prometido no Brasil, Paulo avaliava suas possibilidades na Bolívia. Para complicar, suas dificuldades com a altitude não davam mostras de que fossem sumir de todo. O desconforto físico, somado à reversão de expectativas diante da mudança no cenário político, fez com que considerasse procurar abrigo em outro país, onde pudesse trabalhar e viver com a família sem tantas preocupações. Paulo telegrafou para Elza explicando os contratempos e pediu para que ela e os filhos esperassem para encontrá-lo.

Logo o Chile surgiu como opção. Com o início do governo democrata-cristão do presidente Eduardo Frei Montalva, eleito em setembro de 1964, o ambiente democrático favorecia o acolhimento de brasileiros e exilados de outros países vizinhos em busca de refúgio. E lá não haveria problemas com a altitude.

O contexto político do Chile permitiria o florescimento de vários mecanismos de recepção dos perseguidos pelas ditaduras militares latino-americanas. Não foi diferente com a família Freire. Amigos brasileiros democratas-cristãos que tinham contatos com o partido de Frei Montalva fizeram com que a mudança pudesse ser concretizada. Paulo de Tarso, o ministro do governo Jango que convidara Paulo a elaborar o PNA, e seu então assessor Plínio de Arruda Sampaio informaram o ministro das Relações Exteriores chileno, Pío Gabriel Valdés, sobre a situação e a vontade do educador.

Ao mesmo tempo que a articulação para que Paulo se exilasse no Chile ganhava contornos institucionais, seu amigo Steban Strauss, agrônomo ligado a Jacques Chonchol, presidente do Instituto de Desarrollo Agropecuario (Indap), viabilizou a promessa de um emprego para o educador em Santiago. A notícia chegaria em uma carta de Steban trazida por um técnico das Nações Unidas de passagem por La Paz. Paulo sabia que era necessário sair da capital boliviana o mais rápido possível.

Com a reviravolta institucional produzida pelo golpe de estado na Bolívia, o salvo-conduto para sua entrada no país vizinho havia sido invalidado. Não havia pistas de como proceder para obter um novo documento e já não era possível comprovar oficialmente o que Paulo estava fazendo no país. Mas ele resolveu usar a carteira de identidade colocada por Elza em seu bolso no momento da partida para tentar iniciar um novo processo de registro na Bolívia.

Em uma das muitas idas e vindas ao Ministério de Governo, Justiça e Imigração para retirar o novo salvo-conduto, explicaram para Paulo que não havia um formulário para expedir documentos para exilados. Ele então sugeriu, de forma cuidadosa, que o funcionário usasse de base um documento já existente, intitulado Salvo-conduto Especial, e datilografasse a palavra "exilado" sobre a palavra "especial". Depois de alguns segundos de hesitação, a sugestão foi aceita e Paulo obteve o documento em 11 de novembro de 1964.

Comprou uma passagem das Aerolíneas Bolivianas com o pouco dinheiro que ainda lhe restava e embarcou nove dias depois para Arica, cidade do norte do Chile. Era o segundo país para o qual se mudava em menos de dois meses e ainda não havia previsão de que Elza e os filhos se juntassem a ele.

Quando desembarcou no Chile, voltou a respirar sem dificuldades. Percebeu que suas malas estavam mais leves e que conseguia caminhar mais à vontade, sem o cansaço insistente que sentia em La Paz. Ficou tão impressionado que saiu gritando pela pista de pouso "Viva o oxigênio!", para o espanto de alguns e curiosidade de outros. A passagem por Arica seria breve: no dia seguinte Paulo já foi para Santiago. Ao passar pelo controle policial, apresentou o salvo-conduto boliviano, que não foi suficiente. Se não tivesse consigo algum documento brasileiro, seria devolvido a La Paz. A carteira de identidade o salvou novamente. O jovem sociólogo brasileiro Francisco Weffort, também um exilado político, foi quem o recebeu no aeroporto.

O Chile vivia momentos de euforia e de grande expectativa popular com a vitória de Frei Montalva — o lema do governo era "Revolução em Liberdade".

Para conseguir se eleger em 4 de setembro de 1964, o candidato havia feito uma coalizão que incluía o centro político e um amplo setor da direita conservadora. Senador pelo

Partido Democrata Cristão, Frei Montalva chegara ao poder com 56,09% dos votos válidos (descontados os nulos e brancos), contra 38,93% do socialista Salvador Allende e apenas 4,98% do conservador Julio Durán. Havia sido uma vitória consistente de um partido fundado apenas sete anos antes, após uma campanha polarizada com a Frente de Ação Popular (Frap), de Allende, que era composta pelos Partidos Comunista e Socialista, entre outros, e contava com o apoio dos sindicatos, de movimentos sociais e estudantis e de outras organizações de esquerda. Para derrotá-la, o partido democrata-cristão recebera o apoio dos tradicionais partidos Liberal e Conservador. Julio Durán acabaria sacrificado por seus apoiadores naturais, que, ao final, se aliariam a Frei Montalva para derrotar o esquerdista Allende.

A campanha havia sido dura. As ruas foram tomadas por cartazes com o lema "Comunismo é morte". A rádio mais popular no Chile veiculava uma peça publicitária em que o disparo de uma metralhadora era seguido por uma mulher chorando a morte do filho, assassinado por comunistas. Uma voz grave, masculina, finalizava a propaganda: "Para evitar que isso aconteça no Chile, vote em Eduardo Frei". A campanha do medo triunfou com o depoimento, dias antes das eleições, de Juanita Castro, irmã dos revolucionários cubanos Fidel e Raúl Castro. Ex-agente da CIA, Juanita estava em Buenos Aires quando leu seu depoimento que foi transmitido pelas cadeias emissoras das Radio Minería e La Voz de Chile e pela Radio Corporación. Dirigindo-se às mulheres, Juanita afirmava que os templos religiosos seriam invadidos e suas imagens, profanadas. Alertava que os inimigos estavam à porta e que os chilenos deveriam pensar em suas famílias e seus filhos — não podiam deixar que fossem escravizados pelos comunistas, como havia ocorrido em sua pátria. As mulheres seriam decisivas para o resultado: 756 117 votos em Frei Montalva contra 384 132 em Allende.

O clima de polarização prosseguiria mesmo depois do resultado. Os democratas-cristãos seriam acusados de receber recursos dos Estados Unidos durante as eleições. Os críticos creditavam ao governo Lyndon Johnson a tentativa de criar uma terceira via para a América Latina, uma alternativa tanto aos tradicionais partidos conservadores quanto à ameaça de crescimento das esquerdas marxistas. A Revolução Cubana e o contexto da Guerra Fria colocaram em alerta as forças conservadoras do continente.

Após alguns dias de ambientação em Santiago, Paulo foi ao Indap se encontrar com Jacques Chonchol. Nomeado por Frei Montalva, Chonchol era da ala mais à esquerda do partido. Agrônomo formado pela Universidade do Chile, com doutorado em ciências políticas em Paris, era reconhecido por sua trajetória profissional e sua liderança. No novo governo, estava encarregado de liderar a reforma agrária e apoiar os pequenos produtores rurais. Casado com uma brasileira, tinha muitos amigos e aliados políticos no país. Apesar da dificuldade para acompanhar o espanhol de Jacques, Paulo saiu do encontro empregado, depois de uma longa e agradável conversa. Não só saiu com um trabalho estável, em que poderia contribuir com sua experiência, como também com um salário maior do que jamais recebera.

Paulo começou então a organizar a chegada da família a Santiago. Ele que sempre resistira à ideia de deixar o Brasil estava convencido de que era o melhor a fazer. A principal preocupação era com a filha mais velha, Madalena. Já com dezoito anos, madura o suficiente para entender a situação, ela não escondia sua indignação e revolta com o que se passava. Elza tinha medo de que a atitude da filha pudesse chamar atenção, atrapalhando os planos de sair do Brasil. Havia rumores de que ela poderia ser presa a qualquer momento, por isso Elza embarcou-a para Santiago na primeira oportunidade. Em carta de 12 de dezembro, enviada por seu tio Lutgardes, Paulo foi informado de que Madalena já havia partido para o Chile e que em breve receberia notícias da família diretamente por ela. Ao final, um alerta ao sobrinho sobre a necessidade de uma especial atenção a Elza quando ela chegasse, pelo estresse que vinha passando: "Dê a Elza o sossego que ela carece, sem prejuízo dos cafunés de que carece você. Elza precisa descansar".

Não havia nenhum tipo de acusação por parte das polícias civil e militar contra Elza, apesar de ela ter sido a mais importante colaboradora do marido. Estava prestes a deixar para trás 21 anos de magistério e dez como diretora de ensino para seguir com os filhos para o Chile. Com os documentos prontos e as passagens compradas, ela e as crianças se hospedaram na casa de Pierre Furter, em São Paulo, para preparar o embarque. Educador suíço, Furter veio ao Brasil para conhecer o trabalho de Paulo Freire. Quando se encontraram em Recife, Paulo perguntou onde ele e a família estavam hospedados. Ouviu que estavam provisoriamente em um hotel, enquanto buscavam um lugar fixo. Paulo os convidou sem pestanejar para viverem em sua casa, sugestão que foi prontamente aceita. A mudança da família Furter provocou a necessidade de reorganizar os espaços: Paulo e Elza cederam sua cama e foram para outro quarto, deslocando os filhos para acomodar os convidados, que permaneceriam mais de um ano vivendo com os Freire.

Quem levou Elza e os filhos ao aeroporto de Viracopos, em Campinas, foram Vera Barreto e José Carlos Barreto, conhecidos do Movimento de Cultura Popular em São Paulo. O casal já havia recebido a família antes, para que pudessem tirar os passaportes. Era janeiro de 1965, quando partiram de madrugada em uma Kombi do MCP, as crianças menores ainda estavam dormindo. Os Freire embarcaram sem dificuldade, depois de quase seis meses sem convivência regular com Paulo.

Passada a emoção da chegada, já instalada de maneira confortável e em segurança, a família conseguiu documentos oficiais chilenos de identidade e permanência, assim como cartas de viagem que permitiam entrar e sair do país de forma livre. A vida parecia estar se estabilizando.

A colônia de brasileiros ainda era pequena no Chile e todos procuravam viver próximos uns dos outros. Era grande a oferta de emprego em vários organismos de administração e planejamento do governo chileno e em organismos internacionais, como a Comissão Econômica para a América Latina e o Caribe (Cepal) e a Organização das Nações Unidas para a Educação, a Ciência e a Cultura (Unesco). Muitos brasileiros dessa primeira leva de exilados eram especialistas em suas áreas de atuação e não tiveram dificuldades em encontrar trabalho, como era o caso de Paulo. A combinação de liberdade política, acolhimento e oferta de empregos ajudou na integração dos exilados com a população chilena.

Adido cultural do governo brasileiro, hospedado em Santiago pelo amigo Pablo Neruda, o poeta Thiago de Mello tinha por hábito organizar jantares para integrar os recém-chegados à comunidade intelectual chilena. Paulo foi convidado para uma dessas reuniões, em que Fernando Henrique Cardoso, Francisco Weffort, Jader de Andrade e Wilson Cantoni também estariam presentes. A pedido do poeta, o educador mostrou slides e falou da aplicação de seu método em Angicos e da Campanha Nacional de Alfabetização, discutiu sua concepção de ensino e o sentido político do trabalho que vinha realizando.

Dias depois, Thiago ligou a Paulo para contar como havia se impressionado com a sua apresentação no jantar. Disse também que tinha escrito um poema e que gostaria de ler para ele ao telefone:

CANÇÃO PARA OS FONEMAS DA ALEGRIA

Peço licença para algumas coisas.
Primeiramente para desfraldar
este canto de amor publicamente.

Sucede que só sei dizer amor
quando reparto o ramo azul de estrelas
que em meu peito floresce de menino.

Peço licença para soletrar,
no alfabeto do sol pernambucano,
a palavra ti-jo-lo, por exemplo,

e poder ver que dentro dela vivem
paredes, aconchegos e janelas,
e descobrir que todos os fonemas

são mágicos sinais que vão se abrindo
constelações de girassóis girando
em círculos de amor que de repente
estalam como flor no chão da casa.

Às vezes nem há casa: é só o chão.
Mas sobre o chão quem reina agora é um homem
diferente, que acaba de nascer:

porque unindo pedaços de palavras
aos poucos vai unindo argila e orvalho,
tristeza e pão, cambão e beija-flor,

e acaba por unir a própria vida
no seu peito partida e repartida
quando afinal descobre num clarão

que o mundo é seu também, que o seu trabalho
não é a pena que paga por ser homem,
mas é um modo de amar — e de ajudar

o mundo a ser melhor.
Peço licença
para avisar que, ao gosto de Jesus,
este homem renascido é um homem novo:

ele atravessa os campos espalhando
a boa-nova, e chama os companheiros
a pelejar no limpo, fronte a fronte,

contra o bicho de quatrocentos anos,
mas cujo fel espesso não resiste
a quarenta horas de total ternura.

Peço licença para terminar
soletrando a canção da rebeldia
que existe nos fonemas da alegria:

canção de amor geral que vi crescer
nos olhos do homem que aprendeu a ler.

Thiago de Mello depois entregaria a Paulo o poema, lido sempre com efusão pelos amigos e guardado com zelo para ser usado em sala de aula no futuro.

Os Freire, Elza, em particular, sentiam-se bem acolhidos pelo povo chileno, o que amenizou as dificuldades dos meses iniciais. A família se organizou para viver no país de forma plena, não como uma experiência transitória. Elza adotou uma nova rotina no Chile e optou por se dedicar integralmente à família.

A vida cotidiana logo se estabilizou, com os filhos de volta à escola, fazendo novas amizades, conhecendo novos lugares em uma cidade em que as quatro estações eram bem definidas, muito diferente do que ocorria em Recife. Novos hábitos foram criados, como saborear as empanadas chilenas que Elza trazia do mercado La Vega, ansiosamente esperadas pela família. Mas também novas preocupações, como os terremotos, praticamente impossíveis de serem sentidos no Brasil, mas bastante comuns entre os chilenos. Poucos meses depois da chegada, um abalo sísmico mataria cerca de trezentas pessoas no centro do país.

Em Santiago, a comunidade de brasileiros, engrossada por exilados de outros países e mesmo por alguns chilenos, crescia e se tornava mais unida e solidária: seus integrantes trabalhavam na acolhida dos que chegavam, recebendo-os em suas casas e oferecendo apoio até que conseguissem organizar a vida. Quem já estava estabelecido no Chile contribuía para a caixinha de ajuda àqueles que viriam depois.

A principal função do Indap, onde Freire conseguiu emprego, era auxiliar na organização sindical camponesa e desenvolver uma ação educativa com os trabalhadores do campo. A instituição também era responsável por apoiar os pequenos agricultores com assistência técnica e crédito agrícola. Paulo chegou de forma prudente, procurando se adaptar à nova realidade e conhecer o contexto em que iria atuar. Não tinha domínio do espanhol, conhecia pouco do universo camponês chileno, mas carregava uma experiência que sabia ser importante para contribuir com o Indap. Nos primeiros meses, dedicou-se a visitar os trabalhos realizados pelo instituto, acompanhado de perto por funcionários mais antigos. Ouvia sobre a vida dos camponeses e se aproximava do idioma. Fez daquele início um processo de imersão e aprendizagem sobre a nova realidade. O Chile o ajudava a compreender a realidade brasileira, assim como a reflexão sobre o Brasil, que agora realizava à distância, o ajudava a entender o que se passava no Chile.

Ainda nos primeiros meses, Paulo acompanhou um grupo de jovens funcionários do Indap na preparação de um diagnóstico sobre a zona rural chilena. Contrariado com o método de trabalho, Paulo dialogou com os colegas sobre o modo de conceber pesquisas dessa natureza e propôs uma alternativa: em vez de os agentes pesquisarem a realidade dos habitantes do campo, solicitarem aos camponeses para que os auxiliassem a levantar suas principais questões, e esses seriam os temas abordados nas aulas pelas equipes de formação. Dessa maneira, partindo do olhar dos camponeses sobre o próprio contexto, a população agrícola estaria aprendendo com o estímulo e a orientação da equipe técnica, assim como os funcionários do Indap aprenderiam com a perspectiva camponesa.

O convite de Jacques Chonchol a Paulo Freire levou para o governo não apenas um assessor para o Indap, mas também um colaborador experiente para as ações de educação de adultos no Ministério de Educação. A equipe de profissionais sob a orientação de Paulo tomou por base seu sistema de alfabetização, conhecido no Chile como método psicossocial. Traduzido para o espanhol e adaptado à realidade chilena, foi utilizado em uma ampla campanha nacional.

Paulo também estendeu sua colaboração a outro organismo com atuação no meio rural chileno, a Corporación de la Reforma Agraria (Cora). Com a participação dos professores do ministério, Paulo ajudaria a reforçar o trabalho de alfabetização de adultos que começava a ser implementado.

O índice de analfabetismo da população chilena era de 16,4% segundo o Censo de 1960, com um contingente de 730 mil pessoas acima de quinze anos de idade. O índice estava abaixo de países como o México (34, 5%) e Brasil (39,4%), mas acima de países como a Argentina (8,6%) e o Uruguai (9,6%). O nível de escolaridade médio da população era de 5,9 anos para os que estavam na zona urbana e 2,7 anos para aqueles que estavam na zona rural. A oferta pública de vagas para o nível secundário era escassa e os jovens e adultos sem escolaridade não tinham atendimento específico. Para o novo governo, além do reconhecimento de uma dívida social, a educação se apresentava como uma estratégia para integrar a população desfavorecida ao mercado de trabalho. Com o fortalecimento dos movimentos populares, a via do ensino era também uma oportunidade de aproximar as pessoas das ideias da Democracia Cristã, principalmente por meio de ações da Consejería Nacional de Promoción Popular. A associação tinha o propósito de fomentar a organização popular através de associações de bairro, clubes de mães, sindicatos. Uma das suas estratégias era a formação política dirigida aos jovens e adultos.

A Democracia Cristã dirigia seus esforços para conquistar a parcela da sociedade que vivia na pobreza e sem direitos. Apresentando-se como alternativa aos conservadores e aos marxistas, o partido propunha um governo de natureza humanista e enxergava os setores populares da sociedade chilena como o foco principal de seu trabalho. Para realizá-lo, o pensamento e a metodologia de Paulo Freire se mostrariam de grande utilidade: além de orientados para o diálogo com esses setores, os custos eram baixos e os resultados, rápidos.

Os brasileiros forçados a deixar o país após o golpe costumavam se encontrar às sextas-feiras. Conversavam sobre a realidade no Chile, a conjuntura brasileira, o fracasso das esquerdas no Brasil e em outros países, e sobre estratégias para regressar e retomar o estado de direito. Além de Paulo e Elza, eram figuras frequentes ex-integrantes do governo de João Goulart, como Plínio de Arruda Sampaio, Paulo de Tarso, Almino Affonso, Celso Furtado, além de Jader de Andrade, ex-secretário de Agricultura de Miguel Arraes, Jesus Soares Pereira, que havia sido assessor de Getúlio Vargas, entre outros. Muitas vezes sediadas na residência do casal, no bairro de Las Condes, as reuniões costumavam avançar a madrugada, firmando relações de amizade para além da afinidade política. Paulo mais falador, mais sonhador, contador de casos; Elzinha, como ele a chamava, mais quieta e observadora.

Mesmo com a estabilidade alcançada em Santiago, a situação de exilados causava constante angústia na família Freire — não poder voltar ao Brasil era motivo de grande sofrimento. Não puderam estar presentes no enterro de Alberto Melo Costa Oliveira, o pai de Elza. Ela decidiu não correr o risco de viajar e enviou a filha Cristina, menos visada e sem nenhuma implicação de natureza política, para representar a família no funeral. A ida de Cristina ao Brasil deixou a família apreensiva, mas transcorreu sem sobressaltos.

7.
Ninguém educa ninguém

O exílio foi um momento de intensa produção intelectual para Paulo. Com a família em segurança e abastecido de novas experiências profissionais, o educador pensava de longe o Brasil. A primeira tarefa foi revisar e terminar de escrever o que havia começado entre uma prisão e outra, em momentos de extrema tensão e descontinuidade. Com base em *Educação e atualidade brasileira*, sua tese apresentada à Universidade de Recife, Paulo escreveu *Educação como prática da liberdade*, livro no qual discorre sobre as experiências no Movimento de Cultura Popular, a maratona de Angicos e a formulação da Campanha Nacional de Alfabetização.

Ao deixar o Brasil, Paulo não levaria consigo os originais em que trabalhava por questões de segurança, mas eles chegariam às suas mãos via Silke Weber, colega dos tempos de universidade que estava cursando seu mestrado em pedagogia em Paris. Silke havia recebido o trabalho na França e, depois de fazer observações sobre o conteúdo, enviou o texto para a casa de Paulo no Chile. Na sequência, os originais foram entregues para o filósofo Álvaro Vieira Pinto, que estava de passagem por Santiago e hospedado com os Freire. Depois de assimilar algumas contribuições de Vieira Pinto, Paulo entendeu que havia finalmente concluído o trabalho. Convidou Francisco Weffort para escrever a introdução.

O livro ficou pronto na primavera de 1965 e foi publicado pela primeira vez no Brasil em 1967, pela editora Paz e Terra.

Paulo havia organizado sua filosofia educacional; a obra conta com uma análise de sua prática pedagógica e exemplos concretos do método de alfabetização que ele desenvolvera antes do exílio. Em *Educação como prática da liberdade*, Paulo Freire elenca os pilares de seu sistema: a não neutralidade da educação; a necessidade de ensinar em favor dos mais pobres; o diálogo como método de educar; a conscientização de educadores e alunos sobre os problemas sociais como via para a transformação da realidade. A introdução de Weffort analisava a conjuntura brasileira, suas contradições e lutas políticas, e a maneira como a aplicação do Método Paulo Freire no país poderia ameaçar, pela alfabetização consciente da população, o poder das elites tradicionais. O poema de Thiago de Mello em homenagem ao seu trabalho também foi incluído na edição.

Havia grande expectativa para o lançamento de *Educação como prática da liberdade*, já que os textos anteriores de Paulo circulavam por meio de cópias multiplicadas entre educadores, ativistas sociais e organizações envolvidas com trabalhos educativos. A obra, que teve grande repercussão não só no Chile e no Brasil, como em vários países da América Latina e de fora do continente, foi bem recebida justamente por sistematizar sua filosofia da educação e o método que já havia sido testado em diferentes contextos.

Paulo continuou com seu trabalho na alfabetização de adultos no Chile. Sua atuação no Indap se aprofundava à medida que ele se apropriava do espanhol e atingia bons resultados. As principais ações da Democracia Cristã, que havia conquistado maioria nas eleições legislativas seis meses depois da campanha vitoriosa para a presidência, em 1964, se concentraram na reforma agrária, na sindicalização de camponeses e no investimento em educação — em 1965, o governo iniciou uma reforma educacional em que se previa a construção de 3 mil escolas, visando à expansão do ensino formal. As políticas de promoção popular de setores urbanos marginalizados, a nacionalização parcial do cobre e o estabelecimento de relações diplomáticas com a União Soviética também fizeram parte das medidas de Frei Montalva nos primeiros anos de governo.

Apesar de toda a pressão contrária do governo brasileiro, em novembro de 1967 Paulo foi contratado pela Unesco como assessor especial do Instituto de Capacitación e Investigación en Reforma Agraria (Icira), sediado no Chile. Munido da experiência acumulada no Indap nos três anos anteriores, Paulo começou a atuar na capacitação de equipes de vários organismos do governo chileno para que pudessem implantar seu método de alfabetização. Em paralelo, iniciou um estudo crítico e sistemático sobre a atuação de agrônomos junto aos camponeses.

A saída de Paulo do Indap ocorreu no momento em que o apoio da sociedade chilena ao governo de Frei Montalva, amplo nos anos iniciais do mandato, começou a diminuir. A execução de uma agenda progressista, com ações voltadas aos camponeses, gerava duras críticas do setor agrário, conservador. Por outro lado, grupos progressistas aliados criticavam o governo por seu alinhamento a políticas dos Estados Unidos e pela grande entrada de capital estrangeiro na economia, o que aprofundava as relações econômicas de dependência. Mesmo com as fortes pressões da direita e da esquerda, o presidente seguia mantendo a união de forças que lhe dava sustentação e lhe permitia governar com a maioria no Congresso.

O equilíbrio, entretanto, havia se tornado instável em 1966. Insatisfeitos com os rumos do governo, setores conservadores decidiram constituir um novo partido, o Partido Nacional. Reunindo quadros dos tradicionais partidos Conservador e Liberal, em três anos a nova força política já obteria 20% dos votos nas eleições legislativas.

A instabilidade escalou em março de 1969 diante do episódio que ficou conhecido como Massacre de Puerto Montt. Em uma ação autorizada pelo governo para desocupar terras apropriadas por noventa famílias de trabalhadores rurais, os *carabineros* mataram dez pessoas, entre elas um bebê de nove meses que sofreu asfixia por gás lacrimogêneo, e feriram mais de cinquenta. O massacre serviu de estopim para o afastamento de um grupo mais à esquerda do Partido Democrata Cristão. Dois meses depois, essa dissidência resultou no Movimento de Ação Popular Unitária (Mapu). Um de seus principais líderes era Jacques Chonchol, responsável por oferecer um emprego a Paulo Freire em 1964 no Indap. Chonchol, que chegou a ser secretário-geral do Mapu, logo mudou de partido e integrou o quadro da Esquerda Cristã, outra sigla derivada das dissidências do Partido Democrata Cristão. Diferente do Mapu, a Esquerda Cristã não assumiria o marxismo como enfoque teórico. O já precário equilíbrio político do governo Frei Montalva estava desfeito.

O período de Paulo no Icira servira também para dar continuidade à sua produção intelectual. Para desenvolver o seu trabalho, produziu uma série de documentos que serviram para capacitar camponeses, formar professores, debater sobre o potencial da educação para a formação da consciência crítica e da cidadania, assim como críticas aos sistemas escolares e ao modelo de trabalho com os camponeses. Tais textos foram publicados inicialmente pelo Icira. Em *Extensão ou comunicação?*, publicado em 1969 pelo próprio instituto, aborda o trabalho dos técnicos agrícolas com os camponeses chilenos e elabora uma forte crítica à expressão "extensionismo rural", tão usada na América Latina. No livro, o educador contrapõe ao termo "extensão", que sugere que o conhecimento é transmitido do agrônomo para o camponês, de modo que este fica em posição passiva, ao termo "comunicação", valorizando o diálogo e a troca de conhecimentos de parte a parte. Paulo mais uma vez se dedicava a criticar o assistencialismo, como ocorrera no Sesi e em seus trabalhos posteriores.

Foi ainda durante sua passagem pelo Icira que o educador consolidou as ideias que dariam forma a *Pedagogia do oprimido*, obra que se tornaria a mais importante de sua trajetória. Sua estrutura seria longamente discutida com dois jovens colegas de trabalho, a chilena Marcela Gajardo, que havia se tornado uma grande amiga dos Freire, e o conterrâneo José Luís Fiori, sociólogo e um de seus principais interlocutores, filho do filósofo Ernani Maria Fiori. Seu pensamento inicial ganharia novas dimensões em diálogos multiplicados em almoços frequentes ou em noites ao redor da lareira, regadas a vinho quente com rodelas de laranja para espantar o frio chileno. Paulo compartilharia os conceitos que estava elaborando também em seminários e conferências. Foi um longo e gradativo processo de amadurecimento, reconfigurando o seu pensamento em diálogos que se prolongariam por quase um ano antes de que começasse a registrar suas ideias no papel.

Durante o período de concepção, Paulo anotava o conteúdo em pequenas fichas organizadas por temas. Dava títulos a elas e as enumerava. Andava com caderninhos para fazer anotações onde quer que as ideias surgissem. À noite, depois do jantar, sentava e escrevia algumas páginas a partir das anotações. Eram dúvidas, afirmações, pequenos conceitos que aos poucos se concatenavam. Passava horas nesse processo, sozinho, muitas vezes madrugada adentro. Paulo nunca necessitou de muitas horas de sono, mas precisava estar só com suas ideias e leituras. A maior parte do tempo fora do Icira era dedicada à atividade intelectual, isolado no escritório de casa.

A dedicação de Paulo acabou criando um mal-estar com seus filhos, principalmente com os dois menores, Joaquim e Lutgardes. A indisposição familiar os levou a estabelecer a seguinte regra: o pai deveria dedicar os sábados a conviver com os filhos, compromisso que Paulo cumpria com gosto em passeios ao ar livre e roteiros culturais por Santiago. Iam muito a livrarias, caminhavam pelos parques, conheciam partes novas da cidade.

Em 1967 fez sua primeira visita aos Estados Unidos, convidado para duas conferências em Nova York inteiramente baseadas nas ideias e anotações para o novo livro. A educadora americana Carmen Hunter o acompanhou durante a passagem pelo país e fez a tradução simultânea de suas apresentações.

Os convites para ouvi-lo passariam a se repetir, por exemplo para uma série de palestras patrocinadas pela Organização dos Estados Americanos (OEA), em parceria com a Universidade do Chile e o governo chileno. Nesse evento, Paulo falou sobre "educação bancária", um dos conceitos abordados em *Pedagogia do oprimido*. Diante das reações positivas do público, majoritariamente de educadores, Paulo se convenceu de que o livro estava idealmente acabado e pronto para ser escrito.

Foi só durante as férias de julho de 1967 que Paulo conseguiu parar para escrever. Trabalhando a partir de suas fichas, anotações e transcrições das conferências, avançava a madrugada. Deixava o que havia escrito sobre a mesa para a leitura e os comentários sempre cuidadosos de Elza. No dia seguinte, ainda pela manhã, relia o que havia escrito e considerava as observações da esposa. Em três semanas finalizou os três capítulos que compõem a obra.

Paulo ficou satisfeito com a maneira como traduzira para o papel as ideias desenvolvidas ao longo daquele último ano. Entregou os originais ao amigo Ernani Maria Fiori, para que escrevesse o prefácio — filósofo brasileiro autoexilado no Chile, Fiori havia militado na Ação Popular no Brasil e lecionava na Universidade Católica do Chile, da qual se tornaria vice-reitor. Paulo considerou o prefácio tão importante quanto o livro que havia escrito, tamanha a sintonia e a complementariedade entre os textos. Terminada a fase de revisões, seguiu os conselhos que o cientista social e político Josué de Castro lhe dera em uma das caminhadas que costumavam fazer pelos parques de Santiago: deixar os originais "descansando" na gaveta da escrivaninha por alguns meses. Era uma maneira de se distanciar um pouco do que havia escrito.

Quando decidiu retomar o texto, depois de dois meses, leu-o com entusiasmo, de um só fôlego. Reescreveu poucas coisas, mas sentiu falta de um quarto capítulo, que arrematasse melhor a obra. Dedicou-se a ele nos meses seguintes, mas não da maneira intensiva como havia feito com os três primeiros; já não havia tempo disponível. Escreveu nos intervalos na hora do almoço, em brechas no trabalho, em quartos de hotéis durante viagens corporativas, e à noite, no escritório de casa.

Com o livro terminado, entregou os originais para serem datilografados por Silvia, secretária de Paulo de Tarso, que também trabalhava no Icira, contratada especialmente para essa tarefa. Paulo Freire escrevia à mão, com lápis ou caneta, a letra caprichada, passava a limpo os trechos que ia reescrevendo. Antes entregar as páginas para serem datilografadas, enviou o manuscrito mais uma vez a Ernani Maria Fiori. Ele veria o novo capítulo e poderia alterar o prefácio, se achasse que era o caso. Não foi necessário.

Paulo enviou cópias do livro para amigos próximos. Elas acabariam se multiplicando, fora de seu controle, por uma vasta rede de admiradores espalhados pelo mundo. Acolhidas algumas sugestões, ele daria o trabalho por encerrado.

A elaboração do livro foi acompanhada por uma intensa agenda de trabalho. Em carta dirigida aos amigos Germano Coelho e Norma Porto Coelho, datada de abril de 1968, Paulo comenta que no ano anterior havia viajado por quase todo o Chile para fazer conferências, falando para 2500 chilenos e 280 pessoas vindas de países vizinhos. Naquele ano de 1968, já havia atendido seiscentos chilenos e 120 latino-americanos de outros países, mesmo tendo reduzido sua disponibilidade para esse tipo de suporte.

Trabalho de 8h15 da manhã, quando chego à "oficina", até às 8 da noite, quando volto. Depois do jantar, quando converso com a família, estudo e escrevo até duas ou três da madrugada. Durmo quatro a cinco horas por noite e nunca me senti tão bem. Concluí um novo livro — *Pedagogia do oprimido* — e escrevi agora, de janeiro até abril, para cursos, seminários e discussões, doze textos. Nos sábados, saio com os dois meninos para o centro da cidade, pela manhã, a passeio. Lanchamos, tomamos café, no Café do Brasil, olhamos vitrinas, visitamos livrarias, compramos livros, conversamos sobre tudo, vamos ao cinema. Depois almoçamos juntos e voltamos à tardinha. Uma vez por semana, ao sair do trabalho, encontro Elza e vamos a um cinema, jantando no centro e voltando às 11 horas da noite, quando começo a estudar. As duas moças, com quem converso diariamente, já têm seus interesses próprios; passeiam com seus namorados. Madá, como vocês devem saber, está casada e mora no momento em São Paulo. Seu marido é o sociólogo Francisco Weffort, que fez o prefácio do meu livro.

Apesar do seu entusiasmo e da aparente tranquilidade relatada em sua carta, logo se veria outra vez em meio a um clima de polarização e acirramento político. Ao tomar a decisão de trabalhar no governo de Frei Montalva, por indicação de Jacques Chonchol, ele havia despertado a desconfiança dos setores socialistas, ligados à candidatura de Salvador Allende, derrotada em 1964. Dentro do governo, sua condição de exilado político e educador reconhecidamente alinhado ao campo progressista não representava uma ameaça, já que havia entrado para a administração pelas mãos de um dos seus quadros mais importantes. No entanto, com a saída de Chonchol na dissidência do partido democrata-cristão à esquerda, Paulo se veria sob forte pressão dos setores conservadores remanescentes, sempre muito críticos em relação à orientação de seus programas educativos, voltados aos camponeses e aos trabalhadores urbanos empobrecidos. O método de trabalho de Paulo não era mais visto com bons olhos pelo governo Frei Montalva.

Mesmo antes de escrever *Pedagogia do oprimido*, Paulo já havia conversado com Elza sobre o agravamento da situação política no Chile. Com a não renovação de seu contrato de assessor da Unesco, a sensação era de que a temporada no país estava com os dias contados. Sem poder voltar ao Brasil, chegaram à conclusão de que era hora de discutir alternativas.

Depois da primeira viagem aos Estados Unidos, o educador passou a receber convites frequentes de diversas universidades americanas para encontros e palestras. De forma mais concreta, chegou uma carta de Harvard com a proposta de um contrato de dois anos, a partir de abril de 1969. Uma semana depois, receberia outro convite, do Conselho Mundial de Igrejas (CMI), situado em Genebra, para trabalhar com a organização a partir de setembro. Paulo e Elza decidiram negociar com as duas partes: a ideia era ficar em Harvard de abril até o fim de 1969, e depois seguir para Genebra no começo do ano seguinte. A proposta foi aceita.

Antes de decidir sair do Chile, Paulo continuou trabalhando com as igrejas cristãs, dando curso para sacerdotes, seminários como teólogo, formando agentes pastorais para a Ação Católica chilena. Vinha tomando notas para um próximo livro, uma espécie de "Pedagogia da Fé", passando a se aprofundar no campo da teologia. Por um lado, a relação vivida na América Latina entre a evangelização e a conscientização política o aproximava cada vez mais do trabalho das igrejas. Por outro lado, o mundo ecumênico vinha organizando redes de proteção para as famílias brasileiras que haviam participado de atividades ligadas a igrejas e que buscavam sair do Brasil. O Conselho Mundial de Igrejas, por meio do seu Departamento de Migração e Refugiados, apoiava essas ações com recursos financeiros. O Alto

Comissariado das Nações Unidas para Refugiados (ACNUR) também desenvolvia ações nesse sentido. O convite para Paulo feito pelo CMI vinha sendo negociado por meio dessa rede de proteção. A ida para os Estados Unidos representou um grande desafio para Paulo. Ele resistiu à ideia no início — pensava que nada tinha a aprender e muito menos a ensinar naquele lugar identificado por ele como a matriz do imperialismo. Foi convencido por Elza, que entendia a posição do marido como sectária, já que nem toda a população do país poderia ser considerada imperialista.

Paulo, Elza e os dois filhos menores, Joaquim, com doze anos, e Lutgardes, com dez, mudaram-se para os Estados Unidos em abril. Maria Madalena, a filha mais velha, então com 22 anos, naquele momento estava acompanhando o marido na Inglaterra, onde ele realizava estudos de pós-graduação. As outras filhas preferiram ficar em Santiago, mas acabaram, depois de algum tempo, indo ao encontro da família. Aos vinte anos, Maria de Fátima chegaria primeiro; Maria Cristina, de 21, apenas em novembro.

Pouco antes de se mudar para Cambridge, em Massachusetts, Paulo fez uma segunda viagem de curta duração aos Estados Unidos, em 1968. Acostumado com a presença constante do amigo no escritório do Icira, sempre cheio de casos e novas ideias para contar, José Luís Fiori estranhou o silêncio. Um dia, ao ouvir um barulho na sala de Paulo, foi ver o que estava acontecendo, já que o regresso do educador estava programado só para dali a alguns dias. Encontrou um Paulo feliz da vida por estar de volta. "O que aconteceu, voltou mais cedo por quê?", ao que ouviu: "Eu estava lá, fazendo as minhas coisas, mas aí começou a bater uma saudade, uma vontade de ver as pessoas daqui, então resolvi voltar!", respondeu Paulo com um sorriso, indicando sua resistência à mudança que ele e Elza pretendiam fazer.

De início, a adaptação nos Estados Unidos não foi fácil para os Freire em função das dificuldades com a língua, do calor que já estava intenso na primavera e ainda mais no verão, dos problemas de adaptação dos meninos na escola, da demora das filhas em chegar ao país para se juntar à família. Fátima passaria um longo período sem sair de casa. Cristina, que chegou em pleno e rigoroso inverno, também não se sentiria confortável. Elza, mais uma vez, teve um papel fundamental ao acolher os filhos e apoiar o trabalho do marido.

Além das aulas em Harvard, onde teve a oportunidade de discutir sua experiência no Brasil e no Chile, Paulo foi contratado para assessorar o Center for the Study of Development and Social Change [Centro de estudos para o desenvolvimento e a mudança social], organização não governamental criada por intelectuais, e participou de alguns seminários organizados por eles.

Paulo levou uma cópia de *Pedagogia do oprimido* para os Estados Unidos e entregou para o pastor e teólogo Richard Shaull, que ficou entusiasmado com o livro. Em 1970, a obra ganharia sua primeira edição em inglês pela Alfred Knopf, de Nova York, com tradução de Myra Bergman Ramos. Em novembro do mesmo ano, o livro foi publicado em espanhol pela editora Tierra Nueva, de Montevidéu, Uruguai. Paulo deu de presente o manuscrito original da obra para Jacques Chonchol e Maria Edy Ferreira de Chonchol, em agradecimento à amizade e ao acolhimento nos anos em que a família Freire viveu no Chile. Também deixou para Marcela Gajardo as provas tipográficas do livro *Educação como prática da liberdade*, com uma dedicatória para ela e seu marido, Sérgio, que haviam se tornado grandes amigos da família Freire.

A experiência anterior ao golpe militar no Brasil, o trabalho no Chile em um contexto de radicalização crescente e a convivência com exilados brasileiros de formação marxista fizeram de *Pedagogia do oprimido* um livro mais radical, sem deixar de lado os eixos fundamentais de sua filosofia da educação. Permanecia sua visão cristã do ser humano como agente de mudança a partir da tomada de consciência sobre a realidade em que vivia; continuavam suas críticas à educação burocrática, pouco crítica e distante do universo dos estudantes; reafirmava o papel do diálogo e da troca de saberes como elemento fundamental de uma educação que praticasse a liberdade e a democracia. Paulo chamou de "educação bancária" àquela que considerava que "o educador é sempre o que educa, e o educando o que é educado; o educador é o que sabe, e os educandos os que não sabem; o educador é o que pensa, os educandos são os objetos pensados; o educador é o que fala, os educandos os que escutam docilmente; os educadores sujeitos, os educandos objetos". Contrapondo-se à educação bancária, propunha que os educadores fossem humanistas, que empreendessem uma educação problematizadora, revolucionária, que se identificassem com seus educandos. Tudo isso levaria à libertação de ambos. Uma educação mediada pelo diálogo, em que o educador ensina e aprende, e o educando se educa ensinando. "Ninguém educa ninguém", dizia, "assim como ninguém se educa a si mesmo sozinho, as pessoas se educam em comunhão, mediadas pelo mundo. Uma educação problematizadora deveria promover a emergência da consciência dos oprimidos e sua inserção crítica na realidade".

Mesmo mantendo em linhas gerais o que afirmava desde antes de deixar o Brasil, no livro de 1968 Paulo passou a utilizar os termos "opressor" e "oprimido", identificando o conflito entre classes sociais e se aproximando dos quadros de referência do pensamento marxista. Em *Pedagogia do oprimido*, permanecia o humanismo cristão, inspirado em autores como Jacques Maritain, Emmanuel Mounier, Teilhard de Chardin e Alceu Amoroso Lima (Tristão de Ataíde), mas incorporava, em uma aparente contradição, autores como Marx e Engels, Lênin, Sartre, Marcuse, Frantz Fanon, Lukács, Althusser, em uma clara aproximação com o marxismo, além de citações de Fidel Castro, Che Guevara, Camilo Torres e Mao Tsé-Tung, numa alusão aos movimentos revolucionários daqueles anos. No último parágrafo, um sopro de esperança: "Se nada ficar destas páginas, algo, pelo menos, esperamos que permaneça: nossa confiança no povo. Nossa fé nos homens e na criação de um mundo em que seja menos difícil amar".

Quando Paulo chegou aos Estados Unidos, conseguia ler em inglês com segurança, mas entendia e falava pouco o idioma. Em certo momento, comentou com a esposa: "Elza, eu acho que assumi uma posição desonesta, desleal, porque eu aceitei um convite, e não falo essa língua daqui, e não posso dar aulas em português! Não dá, e eu acho que não vou aprender essa língua a ponto de ter uma desenvoltura mínima!". Elza respondeu:

Olha, Paulo. Eu estou gostando disso aqui, não quero voltar, não tenho por que voltar, você tampouco. Pois que seja humilde e estude! Se você levar a sério, vai conseguir falar inglês, como fez outras coisas. Assuma hoje a responsabilidade! Claro que eu não creio que você tenha vindo para cá irresponsavelmente, do ponto de vista subjetivo. Objetivamente é que você não está falando mesmo! Pois que trate de superar.

Paulo mais uma vez seguiu os conselhos de Elza.
Ao participar de sucessivas aulas, conferências e conversas, Paulo foi gradativamente se libertando daqueles que o ajudavam nas traduções, só pedia auxílio para esclarecimentos pontuais ou quando não entendia alguma pergunta. Seu empenho faria com que desenvolvesse um inglês nordestino, como ele mesmo definia. Costumava brincar que era um inglês tão

nordestino que até Elza, que não dominava o idioma, conseguia entender.

No ambiente acadêmico de Harvard, percebeu que era relativamente conhecido pelo que desenvolvera no Brasil, principalmente pela experiência em Angicos e o Programa Nacional de Alfabetização. Não era pequena a curiosidade sobre esses temas, o que faria com que fosse convidado por outras universidades do país para seminários e palestras. Costumava viajar pelo país nos fins de semana. Inicialmente conhecido pelo seu método de alfabetização, Paulo procurava demonstrar que sua preocupação com o analfabetismo era apenas uma parte de seu pensamento pedagógico, muito mais amplo. Insistia sempre na dimensão política da educação.

Os convites passaram a incorporar, por exigência de Paulo, visitas às áreas mais pobres das cidades, de preferência em locais em que algum trabalho social estivesse sendo realizado, tanto pela universidade que o recebia ou por qualquer outra organização. Paulo foi descobrindo um mundo novo: os moradores pobres e negros dos Estados Unidos, os hispânicos, suas formas de vida, seus desejos e dificuldades, o que aumentou seu interesse pelo país. Convivendo com eles, Paulo percebeu que havia uma dimensão pouco presente nas suas reflexões sobre os Estados Unidos. Tomou contato com a dimensão do racismo e da discriminação presentes na sociedade americana, vivendo-a inclusive em sua família. Seus filhos foram marginalizados por alguns alunos da nova escola por serem imigrantes. Constatava na pele que havia um Terceiro Mundo dentro do Primeiro Mundo.

Foi também nessa época que os primeiros estudos sobre seus textos e as experiências realizadas no Brasil começaram a ser publicados nos Estados Unidos. Em uma de suas visitas regulares a livrarias, encontrou na estante *The Alliance That Lost Its Way: A Critical Report on the Alliance for Progress* [A aliança que perdeu o rumo: um estudo crítico sobre a Aliança para o

Progresso], de Jerome Levinson e Juan de Onis. Curioso, comprou o livro e encontrou, na página 291, o seguinte parágrafo a respeito de seu trabalho em Angicos:

> O programa de Paulo Freire era naturalmente subversivo e sua base técnica, de deliberada provocação em seu propósito de desenvolver uma consciência crítica, criando um senso de capacidade e responsabilidade moral no indivíduo para mudar a sua vida e o mundo em torno de si. Numa sociedade paternalista e hierárquica, onde a palavra do coronel era a lei, esta ênfase sobre o pensamento crítico e sobre a ação do indivíduo e da comunidade era destrutiva para os valores tradicionais. O programa de Freire era revolucionário no mais profundo sentido do termo.

Em janeiro de 1964, a insatisfação com a técnica pedagógica de Freire e a inquietação em torno do conteúdo político do programa levaram a Aliança a cortar o seu apoio financeiro ao Programa (exatamente três meses antes do golpe contra Goulart).

Ao fim de 1969, havia chegado a hora de partir para trabalhar no Conselho Mundial de Igrejas em Genebra. O casal Freire conversou com os filhos sobre o quanto havia sido importante a passagem da família pelos Estados Unidos, mesmo com todos os desafios enfrentados no breve período. Uma das principais dificuldades dos Freire era com o clima, agravada pelas condições de moradia da família. O apartamento alugado pela universidade em Cambridge, na 371 Broad St., ficava no último piso de um prédio de três andares. Como a síndica não aumentava a calefação, querendo economizar, a família, desacostumada com o clima do país, passava muito frio.

Paulo saiu com uma compreensão muito diferente dos Estados Unidos, de sua estrutura política, social e cultural. Sua passagem pelo país o havia ajudado a compreender a complexidade da democracia americana, considerada exemplar e histórica, mas que, internamente, vivia seus conflitos sociais, permeada por um racismo que era estrutural e por lutas sociais de grupos totalmente excluídos dos direitos da maioria branca colonizadora. Em *Pedagogia do oprimido*, Paulo reconhecia o direito dos oprimidos a uma postura combativa para que pudessem se defender e conquistar uma vida melhor, uma vez que a violência e o desamor eram sempre instaurados pela figura opressora. Ao observar as relações sociais dos Estados Unidos, Paulo, mais próximo ideologicamente do conceito de não violência defendido por Martin Luther King, passava a defender o direito dos oprimidos à briga, aproximando-se das ideias de Malcolm X.

Mesmo com novos convites de universidades americanas para que continuasse a trabalhar no país, o que viabilizaria uma promissora carreira acadêmica, Paulo e a família preferiram seguir para a Europa. Mudar para Genebra permitiria aos Freire explorar as possibilidades de uma região que ainda não conheciam. Chegaram na Suíça em fevereiro de 1970, em pleno inverno europeu, depois de dez meses nos Estados Unidos. Paulo, que lá havia deixado a barba crescer para proteger o rosto do frio, decidiu mantê-la na Europa — jamais abandonaria os fios longos, que se tornaram uma marca de sua figura.

8.
Uma caixa de Sonho de Valsa

Era a segunda vez que Paulo pisava na Europa — só estivera antes em Paris, em uma breve viagem a trabalho. Nos primeiros dias em Genebra, a família Freire se hospedou em um hotel, enquanto buscava uma morada definitiva e tentava minimizar os embaraços da adaptação a um novo país. Paulo Freire foi contratado como consultor especial do departamento de educação do Conselho Mundial de Igrejas por um período de três anos, que poderia ser renovado. A organização reunia cerca de trezentas entidades de todos os continentes — igrejas, denominações religiosas e comunidades do bloco protestante, participantes do movimento ecumênico internacional. Era um espaço para reflexão, ação coletiva, oração — e trabalho. Paulo era um homem de fé, mas não se considerava um religioso. Definia sua práxis como uma fé sem religiosidade. Vivia segundo os ideais cristãos assimilados de sua mãe, expressos naturalmente em sua obra tanto na compreensão do ser humano quanto nos valores que professava. Ao integrar a equipe do CMI, uma instituição ecumênica, passou a conviver mais intensamente com o universo protestante.

Nos primeiros meses de 1970, chegava às livrarias em Nova York a primeira edição de *Pedagogia do oprimido* em inglês. O livro também já estava sendo lido em diversos países da América Latina e teve ótima aceitação não só entre acadêmicos e intelectuais, mas também entre educadores populares engajados em ações coletivas em comunidades pobres, além de jornalistas, ativistas, artistas e professores. Reconheceram na obra um pensamento potente de como articular uma visão aprofundada do campo educacional com o trabalho de formação política.

À medida que *Pedagogia do oprimido* ganhou relevância no plano internacional, Paulo passou a ser cada vez mais procurado para falar sobre o livro em eventos acadêmicos e populares. As condições oferecidas pelo Conselho Mundial de Igrejas lhe permitiam viajar, além de contar com o apoio de uma secretária para ajudar a organizar sua agenda e prestar contas de suas atividades. Paulo fez algumas exigências ao CMI logo que chegou em Genebra, entre elas não participar de reuniões que não fossem diretamente relacionadas às suas responsabilidades na instituição. Se no início tentaram controlar sua atuação e agenda, a supervisão logo cessou diante do comprometimento de Paulo com o CMI, que se tornaria um grande promotor de suas ideias e dos seus livros por meio de sua rede de atuação espalhada por todos os continentes.

Em 1971, com a ajuda da força crítica da Teologia da Libertação, publicou *Education, Liberation and the Church*, traduzido no Brasil em 1976 com o título *O papel educativo das igrejas na América Latina*. O ensaio teve grande repercussão nas comunidades cristãs, ávidas por dar um sentido político ao trabalho pastoral. No texto, Paulo criticava aqueles que defendiam a neutralidade das igrejas: "Estão certos os teólogos latino-americanos que, engajando-se historicamente, cada vez mais, com os oprimidos, defendem hoje uma teoria política da libertação". E continuou: "Estes teólogos, sim, podem começar a responder em certos aspectos às inquietações de uma geração que opta pelas transformações revolucionárias de sua sociedade e não pela conciliação dos inconciliáveis".

A exemplo do que já havia elaborado em *Pedagogia do oprimido*, reafirmou em *O papel educativo das igrejas na América Latina* sua fé nos oprimidos como motores da mudança social:

Na verdade, só os oprimidos podem conceber um futuro completamente diferente de seu presente, na medida em que alcançam a consciência de classe dominada. Os opressores, enquanto classe dominante, não podem conceber o futuro a não ser como preservação do seu presente de opressores. Assim, enquanto o futuro dos primeiros está na transformação revolucionária da sociedade, sem a qual não haverá libertação, o futuro dos segundos está na pura modernização da sociedade, com a qual podem ou esperam manter o domínio da sociedade.

Esse texto circulou por vários continentes, mas foi na América Latina que ganhou especial relevância. Foi muito lido entre as pastorais sociais de uma parte da Igreja Católica que se nutria de uma teologia voltada para os mais pobres, em um contexto de escalada de regimes totalitários nos países latino-americanos.

A agenda de Paulo foi bastante intensa em seu primeiro ano vivendo em Genebra, com muitas viagens e reuniões. Sua primeira tarefa, já em março, um mês após a sua chegada, foi ir à Alemanha para uma reunião de planejamento com integrantes do departamento de educação do CMI. Nos dez anos em que trabalhou na instituição, Paulo fez mais de 150 viagens internacionais — além dos países do território europeu, visitou Canadá, México, Costa Rica, Nicarágua, República Dominicana, Porto Rico, Dominica, Granada, Jamaica, Chile, Equador, Peru, Argentina, Índia, Irã, Austrália, Nova Guiné, Nova Zelândia, Ilhas Fiji, além de ter voltado aos Estados Unidos. A partir de 1975, passou a visitar países africanos, entre eles Zâmbia, Tanzânia, Guiné-Bissau, São Tomé e Príncipe, Angola, Botsuana e Cabo Verde. Sua atuação no CMI propagou o conteúdo de seus livros por todos os continentes.

As viagens se desdobravam em atividades diversas, aulas em universidades, encontros com religiosos, com setores populares, mesas-redondas e conferências com os mais variados públicos, até eventos para receber homenagens. O enfoque variava, mas Paulo costumava discorrer sobre o trabalho político e educativo com setores populares e o papel de instituições, da sociedade e do poder público nesse contexto. Fez conferências na Unesco e assessorou governos progressistas na implantação de sistemas de ensino, prioritariamente na área da alfabetização e educação de adultos. Visitou agências de cooperação europeias para cobrar responsabilidade em relação a nações mais pobres, abordou o contexto político e social da América Latina, a sua proposta educacional e como seu método vinha sendo utilizado nos trabalhos de setores populares.

A ação cultural para a libertação havia se tornado o tema prioritário das suas falas públicas. Em 1972, por sua vez, Paulo aprofundou as questões com o *Pedagogia do oprimido*, e, a partir de então, o livro e seu entorno teórico passaram gradativamente a ser hegemônicos nos convites que recebia. Paulo costumava escrever textos a partir de suas palestras, que ganhavam transcrições e traduções e circulavam pelo mundo, aumentando a sua presença como intelectual. Parte dessa produção, incluindo textos anteriores, escritos ainda no Chile e publicados pelo Icira, e nos Estados Unidos, foram publicados no Brasil em 1976, na coletânea *Ação cultural para a liberdade*.

Um dos seus hábitos em Genebra, assim como em Santiago e em Cambridge, era aproveitar a passagem de pessoas vindas do Brasil para que lhe trouxessem encomendas, em particular alimentos. Certa vez, Paulo pediu a Silke Weber que trouxesse para ele uma caixa de bombons Sonho de Valsa, ao que a amiga respondeu, surpresa: "Mas Paulo, isso é ridículo. Você está na Suíça, onde se faz um dos melhores chocolates do mundo". Seus argumentos não foram suficientes para convencê-lo. Silke passaria então a levar não só os bombons, mas também feijão, charque, farinha e outras comidas típicas de Recife, onde ela vivia. Paulo sempre preferiu os produtos brasileiros aos "importados", mesmo que fossem os famosos queijos suíços — se pudesse escolher, ficava com o queijo minas ou com o queijo coalho, sempre levados por algum hóspede. Em casa, Elza se desdobrava para preparar velhas receitas da culinária brasileira. Nem ela nem os filhos tiveram dificuldades para se adaptar à cozinha da Suíça, dos Estados Unidos ou do Chile. Quando Paulo viajava, ela não se atinha aos pratos brasileiros, já que ninguém mais em casa tinha tantas restrições com o que comer.

Quando se encontrava com os conterrâneos que também viviam em Genebra, perguntava se sabiam cozinhar algum prato típico. Foi o que ocorreu com Anivaldo Padilha, exilado como ele e colega no CMI. Paulo intimou Anivaldo a fazer tutu de feijão, uma das especialidades do colega na cozinha. Tornaram-se próximos e criaram o hábito de revezar jantares nas casas de alguns poucos amigos, quando aproveitavam para falar do Brasil, ouvir música brasileira, contar histórias e comer comida "nacional", acompanhados da sempre indispensável cachaça.

Na Suíça, os Freire recebiam muitas visitas: exilados de várias partes do mundo, amigos, colegas de trabalho. O apartamento estava sempre de portas abertas e mantinha o mesmo espírito acolhedor de suas outras casas, com reuniões e jantares frequentes. Elza cuidava de tudo. Sempre que possível saíam nos fins de semana para explorar Genebra ou conhecer cidades próximas. Quando o tempo ficava fechado e frio por muitos dias, o que é comum no inverno suíço, iam para as montanhas, acima das nuvens, para poder ver o sol outra vez. Sentiam saudades do calor nordestino.

As filhas Cristina e Fátima logo conhecerem seus futuros maridos. Cristina e Alberto Heiniger foram morar juntos em Lausanne e se casaram em 1972. No ano seguinte, mudaram-se para a Espanha, e em 1975 voltaram para Genebra. Fátima casou-se em 1973 na Polônia, onde viviam os familiares do seu marido, Ladislau Dowbor. Lá nasceria Alexandre, seu primeiro filho e o segundo neto de Paulo e Elza. A primeira neta, Carolina, nascera no Brasil, em 1971, filha de Madalena e Francisco Weffort. Fátima e a família se mudaram para Portugal alguns anos mais tarde e depois seguiram para Guiné-Bissau, em 1976.

O filho Joaquim sempre gostou de música. Com o violão que ganhara de Cristina ainda em Recife, era incentivado por Elza nos primeiros acordes. Em Genebra, aos treze anos teve as primeiras aulas de violão clássico. Passaria dois anos estudando em Paris e, de volta a Genebra, mais um ano, sempre com professores brasileiros. Tornou-se músico.

Fátima concluiu a faculdade de psicologia em Genebra, já Cristina não terminou seus estudos universitários em função das viagens. Mas foi Lutgardes, o caçula, quem mais sofreu com o exílio. Com a alfabetização não totalmente concluída em português, encontrou muitas dificuldades em uma escola primária próxima de Genebra, em Saint Julien, na qual o ensino era em francês. Aos onze anos, depois de muita resistência familiar, quis abandonar e abandonou a escola, o que é proibido na Suíça. Paulo foi chamado a se explicar e recebeu a recomendação de contratar um professor particular para o filho, para que ele avançasse nos estudos em casa e depois pudesse regressar à escola pública regular. As aulas permanentes de reforço não abrandaram as adversidades, que levaram o menino a um isolamento que aprofundou a inadaptação. Como era o filho mais novo, Lutgardes preocupava não só os pais, mas também os irmãos. Com o tempo, aos poucos, foi se adaptando, diminuindo as atenções sobre suas dificuldades.

Em 1971, Paulo, Elza e um grupo de amigos fundaram o Instituto de Ação Cultural (Idac). A ideia era constituir um espaço de trabalho que permitisse, desde Genebra, estabelecer contato com vários países a partir de setores comprometidos com a justiça social e assessorá-los em suas demandas. Também fundaram o Idac Claudius Ceccon, Miguel Darcy de Oliveira e Rosiska Darcy de Oliveira, tendo Babette Harper inicialmente como colaboradora e depois como parte da equipe permanente. Marcos Arruda se integraria ao grupo alguns anos mais tarde.

Os brasileiros fundadores do Idac eram todos exilados. Claudius vinha de uma militância protestante na Associação Cristã de Acadêmicos (ACA), que buscava estimular estudantes a se engajarem politicamente em um ambiente de renovação teológica. Fazia parte da coordenação nacional da entidade quando foi preso, em 1964. Um ano depois, sairia do país para estudar urbanismo na Itália e na Holanda. Voltaria ao Brasil, mas por pouco tempo, pois recebeu uma oferta de trabalho em Genebra. Em novembro de 1969, seria acionado por amigos para integrar a rede de proteção que acolheria Paulo.

Miguel chegou a Genebra em julho de 1969, como diplomata em missão pela ONU, e já casado com Rosiska. Em fevereiro de 1970, seria chamado de volta ao Brasil. Quando retornou, foi preso por quarenta dias, acusado de denunciar no exterior a prática de tortura pelos órgãos de segurança do governo militar. Pouco depois de ser solto, saiu clandestinamente do país, passando por Santiago para voltar a Genebra como refugiado. Em seu regresso, Rosiska já havia conhecido Paulo e Elza e ajudado Claudius a receber o casal na Suíça. Babette era alemã, casada com Chuck Harper, um brasilo-norte-americano que falava muito bem português e trabalhava no Conselho Mundial de Igrejas, ambos amigos dos Freire.

Marcos Arruda juntou-se ao grupo em 1974. Conhecera Paulo no Brasil, antes do golpe militar, em visita que fez a Miguel Arraes como liderança estudantil. Depois do golpe, perseguido no Rio de Janeiro, fugiu para São Paulo e lá trabalhou como professor e operário até 1970. Militante da Ação Católica, acabou preso por nove meses. Conseguiu se exilar nos Estados Unidos, onde tomou conhecimento do trabalho realizado pelo Idac.

A sede do Idac funcionava dentro do Centro da Aliança das Igrejas Reformadas, perto das instalações do Conselho Mundial de Igrejas, onde ficava o escritório de Paulo. Nele passava o dia atendendo pessoas, participando de reuniões e também escrevendo de forma disciplinada. Organizava sua agenda de modo a ter um período sem interrupções, em que a porta ficava fechada. Depois do expediente no Conselho, encontrava com a equipe na sede do Idac, que se tornou um ponto de encontro de muitos brasileiros que viviam na Europa ou que estavam de passagem pela Suíça.

Mesmo não querendo que o instituto girasse em torno de seu nome e quase sem tempo para se dedicar a ele, o que fez com que o cotidiano do projeto fosse tocado pelos demais fundadores, as demandas chegavam muito em função da visibilidade e do prestígio de Paulo. Não à toa a educação seria o tema de maior relevância para o Idac. Paulo, naquele momento, era constantemente convidado para eventos nos Estados Unidos, no Canadá, na Europa e nos países escandinavos, em particular na Suécia. A equipe do instituto fazia reuniões frequentes com ele para conhecer a fundo sua experiência e discutir *Pedagogia do oprimido*. Desses encontros surgiram os *Documentos Idac*, cadernos temáticos com tiragens que chegaram a 5 mil exemplares. Inicialmente mimeografados, logo seriam impressos com maior qualidade gráfica e publicados em Portugal.

Entre as várias ações que o Idac ajudou a promover, houve algumas que marcaram de modo profundo a sua história, como a experiência de educação operária realizada na esfera do movimento sindical na Itália, de 1972 a 1974; os trabalhos de Rosiska com as mulheres, ações educacionais dentro do movimento feminista na Suíça, observando a crescente atuação das mulheres como fator de democratização da sociedade; e, posteriormente, os trabalhos que seriam desenvolvidos na África, no contexto de luta de algumas nações do continente para conseguir a independência de Portugal. Era comum que outros membros da equipe substituíssem Paulo em encontros e conferências, já que sozinho ele não poderia dar conta do elevado número de convites.

No fim de 1974, Paulo foi convidado a conhecer e apoiar o trabalho de alfabetização na Guiné-Bissau, país recém-libertado do domínio português via luta armada. Liderado pelo Partido Africano para a Independência da Guiné e Cabo Verde (PAIGC), o levante pela independência foi reflexo do movimento democrático que levaria à derrocada do Estado Novo em Portugal. Afastado por motivos de doença em 1968, depois de 36 anos no poder, o ditador António de Oliveira Salazar não conseguiria fazer frente à resistência das colônias a um império cada vez mais inábil em controlar suas tropas no exterior, vindo a falecer em 1970. Guiné-Bissau e Cabo Verde serviriam de exemplo para Angola, Moçambique e São Tomé e Príncipe, colônias que se tornaram independentes em um curto período de confrontos entre 1973 e 1975.

O principal líder desse processo foi Amílcar Cabral. Filho de cabo-verdianos, cresceu no país e se mudou para Portugal para estudar agronomia. Dois anos depois de sua formatura, em 1950, foi responsável pelo recenseamento rural na Guiné, experiência que o levaria a conhecer profundamente a vida dos moradores do campo — e a consolidar seus ideais. O mergulho na realidade do país, somado à formação teórica e ao seu envolvimento com lideranças e grupos africanos e europeus de orientação notadamente marxista, fez dele um dos mais importantes e reconhecidos líderes da história de libertação dos países africanos.

Fundado em setembro de 1956 por Amílcar e seu irmão, Luís Cabral, além de Aristides Pereira, o PAIGC aglutinou diversos movimentos nacionalistas clandestinos da Guiné e de Cabo Verde. Nem a morte de Amílcar, assassinado em janeiro de 1973, refrearia o ímpeto do partido, que depois de oito meses de luta declarou a independência, em 24 de setembro. Mesmo reconhecida pela Organização das Nações Unidas no mês seguinte, em outubro de 1973, a independência da Guiné (agora Guiné-Bissau) só seria aceita oficialmente por Portugal em setembro de 1974, que até o momento havia ignorado a determinação da ONU para se retirar do território em questão. Antes de ser executado, Amílcar Cabral não só lideraria o processo de libertação desses dois países como influenciaria a criação de um grande movimento em prol da independência de diversas colônias africanas.

O novo governo da Guiné-Bissau estabeleceu a alfabetização como uma de suas prioridades, um enorme desafio diante das diversas línguas africanas faladas no território além do português, idioma oficial. Mario Cabral, responsável pela Comissão de Educação e Cultura da República da Guiné-Bissau, procurou Paulo Freire em busca de ajuda para essa missão. A equipe do Idac se entusiasmou de imediato com a oportunidade política de contribuir com o processo de libertação dos países africanos. Guiné-Bissau era um país situado na costa ocidental da África e composto por mais de quarenta etnias, em um território que incluía um grande conjunto de ilhas ao largo da parte continental.

As primeiras discussões giraram em torno de como planejar um trabalho a milhares de quilômetros de distância da sede do Idac. Também se perguntavam como uma equipe vivendo na Europa, em um dos países com o melhor padrão de vida do mundo, poderia se aproximar de uma população constituída por tamanha complexidade e diversidade cultural. Sentiam-se tanto inseguros quanto desafiados.

Passaram a se aprofundar na história da região, na realidade local e no movimento que levou os guineenses à independência. O nome de Amílcar Cabral era sempre lembrado e seus escritos, estudados. Paulo, mesmo sem tê-lo conhecido pessoalmente, era um admirador de sua obra e prática política. Ambos acreditavam na ideia de que os processos revolucionários eram educativos. Amílcar defendia: "A luta de libertação é um fato cultural e um fator de cultura". Paulo reforçava: "Há uma unidade indissolúvel entre a revolução e a educação, que é tão grande que, quando citamos a primeira, estamos a dizer a segunda, e, quando falamos em educação revolucionária, logo é a revolução".

Paulo respondeu o convite do novo governo da Guiné-Bissau com uma carta, datada de 6 de janeiro de 1975, formalmente dirigida ao "Engenheiro Mario Cabral". Confirmou o interesse da equipe no projeto e o convidou a visitar Genebra — seria necessário discutir os meios para viabilizar a iniciativa e também algumas diretrizes gerais para a alfabetização de adultos na Guiné-Bissau.

Paulo adiantou na carta a visão da equipe sobre a futura cooperação: a alfabetização deveria fazer parte do processo de libertação da população na medida em que "expressar a palavra por meio da alfabetização era para o povo uma forma de reafirmar a sua cultura, a sua atividade produtiva, a sua vida, uma forma de fazer parte da construção do futuro do país. Por isso, a alfabetização não poderia ser um ato apartado da nova política econômica, social e cultural a ser implantada".

Enquanto aguardavam o retorno de Mario Cabral, continuaram trabalhando no projeto em reuniões regulares. Paulo mostrava-se cada vez mais entusiasmado — além de seu interesse pelo continente africano e pelas lutas de libertação, aquela era uma oportunidade de voltar a campo para acompanhar um trabalho concreto, como nos tempos do Brasil e do Chile.

Paulo tinha cinquenta anos quando foi à África pela primeira vez, em 1971, quando conheceu Zâmbia e Tanzânia, já a serviço do CMI. Naquela viagem, foi tomado por sentimentos que o remetiam aos velhos tempos no Brasil, em particular ao Recife — havia semelhanças na paisagem, em certos hábitos e costumes, o aroma das frutas era parecido. Na Tanzânia, conheceu Milton Santos, geógrafo e professor universitário, que havia se exilado na França depois do golpe militar. Santos, que se consolidaria como um dos pensadores mais importantes do Brasil, estava no país africano para organizar a pós-graduação em geografia da Universidade de Dar es Salaam. Em outra viagem, foi recebido pelo presidente Julius Nyerere, que, ao lado de Amílcar Cabral, se tornaria a referência política mais importante para o trabalho de Paulo na África.

9.
África: o limite da utopia

A formalização do acordo com os dirigentes da Guiné-Bissau ocorreu apenas em abril de 1975, três meses depois da primeira carta enviada por Paulo. Em agosto, chegou a Genebra um representante do Comissariado para Educação e Cultura do país para que os trabalhos pudessem ser iniciados. Em nova carta a Mario Cabral, Paulo agradeceu a visita do funcionário e comentou as atividades que o Idac vinha desenvolvendo:

> a aproximação da realidade da Guiné-Bissau através do estudo de todos os materiais que obtivemos, privilegiando a obra excepcional de Amílcar Cabral; tomada de distância crítica das diferentes experiências de alfabetização de adultos de que participamos, direta e indiretamente, no Brasil e em outros países da América Latina, no sentido de pensar e repensar as positividades e negatividades das mesmas; papel que deve jogar a alfabetização de adultos enquanto ação cultural, na construção da nova Guiné-Bissau.

As cartas foram a principal forma de comunicação entre as partes até o momento da primeira visita da equipe à Guiné-Bissau. Se na Suíça avançavam em ideias sobre como desenvolver o trabalho, as cartas enviadas pelos profissionais do Idac reafirmavam que tudo deveria passar pelo crivo dos verdadeiros conhecedores da história e da cultura local. Sabiam que as experiências de que haviam participado ou estudado anteriormente, apesar do seu reconhecido valor, não poderiam simplesmente ser transplantadas para o país africano e serviriam apenas como guia inicial.

Além do núcleo do Idac — Claudius Ceccon, Rosiska Darcy de Oliveira, Miguel Darcy de Oliveira, Marcos Arruda, além de Paulo e Elza — participaram do projeto de alfabetização na Guiné-Bissau José Barbosa e Gisèle Oeuvray, que se instalaram na capital, Bissau, enquanto os outros ficaram baseados em Genebra, realizando viagens periódicas ao país.

Trabalhar na África mostrou-se uma alternativa para muitos exilados latino-americanos em busca de um campo de atuação que unisse experiência pessoal e compromisso político. Um exemplo foi o da filha de Paulo, Fátima, e de seu marido, Ladislau. Sempre que possível, em trânsito para a Guiné-Bissau, Paulo e Elza passavam por Portugal para rever Fátima, que vivia em Lisboa. Comentavam com ela sobre o trabalho que estavam realizando, o encantamento e o estímulo que conhecer o país lhes despertava. Fátima decidiu ir morar em Bissau para trabalhar como professora e dar aulas de filosofia e psicologia. Levou consigo o filho Alexandre e, ao se apresentar, comentou que não tinha experiência alguma, para a desconfiança inicial dos guineenses — como assim, uma filha de Paulo Freire inexperiente no trabalho com educação? Oito meses depois, Ladislau se juntaria à família para trabalhar como coordenador técnico do Ministério do Planejamento da Guiné-Bissau. Fátima, o marido e filho viveram no país por quatro anos.

A população da Guiné-Bissau era bastante heterogênea, com uma enorme diversidade nas línguas faladas, nas religiões praticadas, na organização social, nos instrumentos agrícolas utilizados, em sua produção rural e em como a distribuíam. Os balantas, por exemplo, concentrados ao norte do país, eram grandes produtores de arroz e viviam de forma mais comunitária, dividindo a terra e a produção. Já entre os fulas, a hierarquia era bem definida, com os chefes vivendo do trabalho produtivo de seus subordinados. Foi a partir dessa diversidade que o PAIGC, liderado por Amílcar Cabral, reuniu a força necessária para derrotar o colonialismo português e construir um projeto de país. No caso específico das línguas, a longa luta pela libertação ajudaria a fortalecer a mais corrente delas, falada por quase metade da população: o *crioulo*, idioma derivado do português com muitas influências das línguas de matriz africana. A economia da Guiné-Bissau era essencialmente agrária, baseada na produção de arroz, amendoim, castanha de caju, cana-de-açúcar e óleo de palma. O país, extremamente dependente da importação de produtos industrializados, não oferecia uma base de serviços públicos que atendesse às necessidades mínimas dos habitantes. A população tinha uma série de demandas urgentes, o que dava a dimensão do enorme desafio dos novos governantes, liderados pelo presidente Luís Cabral, irmão de Amílcar.

A primeira viagem da equipe do Idac para Guiné-Bissau finalmente ocorreu em setembro de 1975. Algumas hipóteses se confirmaram já nas primeiras conversas: apenas 5% dos guineenses falavam português; mais da metade era fluente em *crioulo*; 80% das pessoas não sabiam ler nem escrever. O país lidava, ao mesmo tempo, com três sistemas de educação. Um deles, vigente nos maiores centros urbanos, era o herdado dos portugueses, voltado à formação de uma pequena elite, nos moldes de ensino do país europeu. Esse sistema formava uma minoria de intelectuais e técnicos e praticamente ignorava as raízes históricas e culturais africanas. Educar nesse sistema era, para os portugueses, "desafricanizar" os guineenses. Paradoxalmente, sairiam desse grupo as principais lideranças do processo revolucionário de libertação do país, caso de Amílcar Cabral.

Comissário de Educação na Guiné-Bissau, Mario Cabral tinha uma história exemplar nesse sentido, conforme relatou à equipe do Idac. Filho do chefe do correio de Gabu, capital da subdivisão de Gabu, ao leste do país, era um dos poucos nativos a poder frequentar a escola portuguesa, dada a boa condição de sua família. Passou por situações extremas em escolas autoritárias, nas quais era obrigado, por exemplo, a dar palmadas em sua irmã mais velha quando ela não respondia às perguntas do professor: "Éramos nós que batíamos em substituição ao professor", contou. Conseguiu terminar o liceu, como lá era chamado o ensino secundário, e foi a Portugal estudar agronomia. Ainda era criança quando conheceu Amílcar Cabral, durante o censo rural na sua região. Acabou por seguir a mesma profissão dele e entrar para o PAIGC, tornando-se seu dirigente político.

Em paralelo ao sistema educacional português, a luta revolucionária foi aos poucos implantando um modelo de educação que se tornaria um sementeiro para um futuro sistema, a ser adotado em escala nacional quando conseguissem a independência. Eram escolas construídas nos espaços disponíveis, em barracões, em casas particulares ou mesmo em clareiras nas florestas. As escolas estavam conectadas à produção econômica de cada localidade, num regime em que estudar, trabalhar e ajudar de forma voluntária a comunidade eram formas de preparar quadros para a luta social e para a futura reconstrução do país. Uma dessas escolas ficava no quartel general do PAIGC em Conacri, na vizinha Guiné — esta de colonização francesa. Amílcar Cabral costumava visitar a escola pela manhã, dando aulas ou conversando com professores e alunos sobre o futuro que se anunciava.

As escolas no interior do país, nas áreas libertadas, atendiam apenas crianças com mais de dez anos — por estarem localizadas em zonas de conflito, ofereciam ainda mais perigo para os alunos menores. Entre 1971 e 1972, durante o período mais intenso de luta, o PAIGC manteve 164 escolas, com 258 professores e 14 531 alunos. Aqueles que se destacavam eram levados para os internatos, onde iam se formando para a luta revolucionária. Também poderiam ser encaminhados a países aliados, para cursar o secundário e o superior e ocupar postos técnicos no futuro governo revolucionário. Com essa estratégia, em dez anos, foram formados: 36 alunos no ensino superior, 46 em cursos técnicos médios, 241 em cursos profissionalizantes e de especialização. O partido formou também 174 quadros políticos e sindicais.

Além dos dois sistemas, contraditórios entre si, havia um terceiro: cada etnia da Guiné-Bissau realizava processos próprios de socialização, que independiam das demais estruturas organizadas. Tratava-se de uma forma tradicional de ensinar, que não separava a escola da vida cotidiana, baseada na troca natural de saberes entre crianças, jovens, adultos e idosos.

A visita realizada pela equipe do Idac ocorreu cerca de um ano após as forças revolucionárias tomarem o poder. Em meio ao desafio de reformar e manter o funcionamento do Estado, o novo governo tomou a decisão de não paralisar o atendimento nas tradicionais escolas portuguesas e continuou usando suas estruturas, agora orientadas aos interesses revolucionários. Naquele momento, a previsão era atender 50 mil alunos no ensino primário e 4 mil no ensino secundário. No entanto, a demanda chegaria a 74 mil para o primeiro nível e 8 mil para o segundo. Como não havia professores formados o bastante para dar aulas no secundário — a maioria dos educadores eram portugueses ou descendentes e haviam regressado à Europa —, o novo governo foi obrigado a recrutar alunos dos últimos anos para ensinar os colegas mais novos.

Depois de deixar de lado o sistema de ensino português, uma das prioridades do governo era implantar um programa de alfabetização de jovens e adultos, dividido em dois campos: um militar, voltado às Forças Armadas Revolucionárias do Povo, as Farp, basicamente no meio rural, e outro civil, nas zonas urbanas.

Depois da primeira reunião informativa, a equipe do Idac se distribuiu para conhecer in loco o funcionamento das experiências de educação e alfabetização. Paulo e Elza foram visitar um dos 82 círculos de cultura organizados pelas Farp. Entraram, se apresentaram e se sentaram ao fundo para observar o que ocorria, o que acabou por remetê-los às lembranças das primeiras experiências desenvolvidas no Nordeste brasileiro. Observaram o animador cultural do círculo chegar com uma vassoura e, para a surpresa dos alunos, começar a varrer a sala, uma, duas vezes, embaixo das cadeiras, em silêncio, até que um deles perguntou o que ele estava fazendo, por que não começava a aula. O animador respondeu de pronto que a aula já havia começado. "Mas você está a limpar a sala!", ouviu. E retrucou: "É isso mesmo, nossa temática de hoje é limpeza". E deu início às atividades daquele dia, com boa participação dos alunos, discutindo a necessidade de não separar o trabalho intelectual do manual.

Além das reuniões com representantes do governo em Bissau e visitas técnicas, a equipe do Idac teve oportunidade de viajar e conhecer o que vinha sendo realizado em outras cidades. Nessas visitas, ora de carro, ora em helicóptero, puderam observar uma terra devastada pela guerra civil, em que as tropas portuguesas arrasaram plantações, casas, comércio e edifícios públicos ao abandonar o país. Impressionavam os visitantes os relatos do período de luta no país, as barbaridades da guerra. Sobrevoando o território, puderam perceber os efeitos dos bombardeios e do napalm. As pequenas aldeias e bairros, chamados pelos guineenses de *tabancas*, foram duramente atingidos, assim como amplas áreas florestais foram devastadas.

Uma das experiências que mais impressionou positivamente a equipe foi a da pequena aldeia de Có, situada a cinquenta quilômetros ao norte de Bissau. Quando se dirigiam até lá, o comissário Mario Cabral comentou que um grupo de educadores o havia procurado para formar um centro de capacitação no antigo quartel militar abandonado pelas tropas portuguesas naquela aldeia. A ideia era transformar o espaço, antes identificado com a repressão da guerra, em um centro comunitário de educação. Ali, enquanto as aulas aconteciam, professores, alunos e a comunidade trabalhavam na produção agrícola, na educação sanitária e alimentar, na assistência social. Não havia separação entre o trabalho e o estudo — as ações realizadas pela comunidade eram o próprio conteúdo trabalhado na escola. Os processos de decisão eram coletivos, em assembleias nas quais toda a população tinha o direito de opinar. A unidade entre conhecimento, trabalho e participação democrática encontrada em Có indicava a Paulo e à equipe do Idac um exemplo possível para um futuro modo de organização da sociedade da Guiné-Bissau.

Uma das passagens da equipe por uma aldeia distante da capital se desdobrou em uma situação inesperada. O tempo da visita se estendeu demais e, como já tinha escurecido, um dos membros do Idac mostrou-se preocupado com o trajeto de volta. Os organizadores do encontro procuraram tranquilizar os presentes — um helicóptero viria buscá-los. Ainda que não houvesse um local apropriado para o pouso, a notícia serviu para amenizar o clima de apreensão. No fim da visita, moradores da aldeia começaram a sinalizar com tochas o local em que o enorme helicóptero poderia descer — o veículo impressionava pelas muitas luzes, pelo barulho ensurdecedor. Sentiram medo de entrar numa aeronave daquele porte em região tão pobre e isolada. Só ficaram tranquilos quando souberam que o comandante era um experiente piloto russo, um dos muitos colaboradores que chegaram ao país no pós-independência.

De volta a Bissau, a equipe participou das comemorações do primeiro aniversário da independência. A festa havia tomado as ruas — grupos de diversas regiões desfilavam ao longo da avenida, com muita música, dança e cor nos trajes típicos. O cortejo foi dar em uma grande praça, na qual estava instalado um palanque para autoridades e convidados. As Farp também desfilaram.

Durante o discurso do presidente Luís Cabral, um dos soldados perfilados à sua frente desmaiou, provavelmente por causa do calor intenso que fazia naquele dia. Cabral interrompeu sua fala e a multidão abriu passagem para que um carro se aproximasse do soldado caído e o levasse para o hospital. Só então o presidente continuou.

Surpreendida com a cena, Elza comentou com o marido, em voz baixa, que aquele tinha sido o momento mais bonito da visita deles ao país, e que tinham muito o que aprender com um povo que vivia tão intensamente a unidade entre a palavra e o gesto. "O indivíduo vale enquanto gente. A pessoa humana é algo concreto e não uma abstração."

Depois de um balanço da primeira visita à Guiné-Bissau, a equipe retornou a Genebra para sistematizar as informações e preparar um plano de trabalho para os anos seguintes. Um mês depois, Paulo escreveu a Mario Cabral para agradecer o acolhimento e informar que já havia tomado as primeiras providências na busca por recursos para o financiamento da ação. Na carta mencionava também o quanto ele e Elza se emocionaram ao assistir aos debates em uma sala de alfabetização: "Sabíamos que estávamos num Círculo de Cultura das Farp, em Bissau, mas em certo sentido, era como se estivéssemos no Brasil de anos passados, aprendendo com os alfabetizandos e não apenas a eles ensinando".

Os recursos financeiros viriam da Comissão para a Participação das Igrejas no Desenvolvimento, do Conselho Mundial de Igrejas, aos cuidados do Departamento de Educação, do qual Paulo estava à frente, e do próprio Idac. Caberia aos responsáveis pelo projeto trabalhar junto ao governo guineense na gestão dos fundos.

A correspondência enviada por Paulo Freire sempre fora dirigida a Mario Cabral. No momento em que o projeto se encaminhou para a fase de estruturação e implantação, as mensagens também passaram a ser direcionadas para uma equipe guineense ampla, para que pudessem ter acesso a suas recomendações de como conduzir o trabalho. Já a equipe direta de Paulo se programou para visitar a Guiné-Bissau em média três vezes ao ano.

Iniciado em 1975, o trabalho foi atravessado por uma série de dificuldades, a mais evidente na alfabetização de civis, pessoas não ligadas diretamente às forças revolucionárias — os Círculos de Cultura funcionavam muito bem entre as Farp, mas não na sociedade civil. No primeiro caso, era possível trabalhar a partir da motivação, organização, disciplina e compromisso daqueles que lutaram pela autonomia do país — não só para atuar no campo da educação, mas também para a produção agrícola e em outras esferas, como a da saúde. A sua inserção no processo produtivo garantia, inclusive, a sustentabilidade das tropas, na medida em que passaram a produzir o que consumiam. Já os círculos organizados para os civis não se mostravam tão bem-sucedidos. A utilidade de ser alfabetizado em português não era clara para os participantes — língua que, apesar de ser a oficial, não era amplamente usada no seu dia a dia. Os resultados foram decepcionantes: muitos alunos abandonaram as salas de aula, apesar do esforço contínuo dos professores. Era necessário fazer uma ligação mais explícita entre o trabalho de alfabetização e a reconstrução nacional, argumentava Paulo. A organização dos Círculos de Cultura deveria priorizar espaços em que já houvesse uma organização de trabalho, tanto nas zonas rurais e urbanas, junto aos serviços prestados pelos órgãos públicos, por exemplo, associando o aprendizado ao cotidiano das pessoas na nova sociedade em construção.

Paulo e sua equipe do Idac reafirmaram sua posição contrária a uma campanha de alfabetização nacional, dirigida para toda a população. Defendiam que se priorizasse os núcleos nos quais a aprendizagem fosse uma demanda efetiva, para depois estender gradativamente a experiência. Em uma carta escrita no fim de 1976, Paulo escreveu: "Se as condições já estão dadas ou em parte dadas, o esforço de alfabetização corre rapidamente; se as condições estão prestes a dar-se, aquele esforço ajuda a sua concretização. Se as condições não existem e estão muito longe de existir, a alfabetização carece de sentido".

A definição da língua oficial do país depois da independência foi motivo de ampla discussão entre os dirigentes do PAIGC e a equipe do Idac. O tema apareceu já nas primeiras correspondências enviadas por Paulo Freire a Mario Cabral. Paulo insistia respeitosamente em que o português não seguisse como a língua oficial do país. O *crioulo* lhe parecia o idioma mais indicado: além de ser falado por mais da metade da população, tinha nascido da fusão do português com diversas línguas regionais, o que garantia a expressão da cultura africana, enquanto o português havia sido imposto nos tempos coloniais. Em certa ocasião, em uma mesa de debates com Luís Cabral, Paulo, para defender o seu ponto de vista, apontou para a cabeça do presidente e disse que ele pensava com o que estava lá dentro, o *crioulo*. A questão, no entanto, esbarrava em dificuldades práticas, uma vez que o *crioulo* não era uma língua com grafia estabelecida, condição importante para o processo de alfabetização.

Além disso, os conteúdos ensinados nas escolas primária e secundária reproduziam a visão europeia. A história da África e dos grupos que a povoaram não era tema das aulas. Era preciso fazer uma mudança na grade curricular com o objetivo de "descolonizar" o ensino e promover a reafricanização das novas gerações. O trabalho mostrava-se complexo e de longo prazo. Depois do extenso período da presença portuguesa no país, desde o século XVI, não haveria milagre no campo da educação — o caminho para construir uma nova sociedade seria longo.

Na esteira do trabalho iniciado na Guiné-Bissau, surgiram convites para o Idac atuar em Cabo Verde, São Tomé e Príncipe e Angola, países que pouco antes também haviam conquistado a independência. Enquanto esteve à frente do Departamento de Educação do Conselho Mundial de Igrejas, Paulo realizou 34 viagens ao continente africano — passou 355 dias na África, quase um ano somados os períodos de suas estadias, ora breves, ora mais extensas. Sozinho ou em equipe, esteve dez vezes na Guiné-Bissau, sete em São Tomé e Príncipe, sete em Angola, quatro em Cabo Verde, quatro na Tanzânia, uma em Botsuana e uma na Zâmbia.

A proposta de trabalho em Cabo Verde também chegou pelo PAIGC, durante o governo de Aristides Pereira, o primeiro presidente do país. Em 1977, ocorreu a primeira reunião do ministro da Educação e Cultura, Corsino Talentino, com Paulo e a equipe do Idac. Estipularam que o trabalho começaria em São Vicente e Santiago, duas das dez ilhas do país insular. Menor e com menos diversidade étnica que a Guiné-Bissau, com mais falantes do português e do *crioulo* cabo-verdiano, o país apresentava características que viabilizavam uma maior fluência do Método Paulo Freire.

Um ano antes, em 1976, a equipe do Idac havia visitado São Tomé e Príncipe a convite do governo local, para discutir as possibilidades de um plano conjunto para a educação de adultos no país. A independência tinha sido declarada em 12 de julho de 1975 e, à época, o índice de analfabetismo alcançava os 80%, taxa semelhante à encontrada na Guiné-Bissau. Pequeno, em 1976 o país insular contava com uma população de cerca de 75 mil pessoas — 70 mil delas concentradas em São Tomé, e 5 mil na ilha de Príncipe. Paulo realizaria sete viagens ao país até 1979. Como em Cabo Verde, ele e a equipe do Idac contariam com o apoio de duas brasileiras, Marilena Nakano e a irmã, Kimiko Nakano, que ficaram responsáveis pelo trabalho de campo.

Também em 1976, Paulo visitou Angola, a pedido do governo revolucionário de Agostinho Neto — a independência do país também havia sido conquistada em 1975. Durante os três anos seguintes, as viagens de trabalho ao país seriam combinadas com os deslocamentos para São Tomé e Príncipe. O primeiro contato com representantes do Movimento Popular de Libertação de Angola (MPLA) ocorreria de maneira inesperada, anos antes dessa primeira visita oficial ao país, ainda em tempos de guerra. Paulo viajava para Zâmbia, país vizinho, quando, ao desembarcar em Lusaka, em uma escala a caminho de Kitwe, ouviu seu nome ser anunciado nos alto-falantes do aeroporto. Para a surpresa de Paulo, foi recebido por um americano e uma americana, que se explicaram: falavam em nome de um grupo de líderes do MPLA, interessado em discutir com ele o trabalho de alfabetização que vinham realizando nas frentes de luta. Paulo aceitou o convite e alterou a agenda da viagem à Zâmbia. Permaneceu em Lusaka para se reunir com o grupo, liderado por Lúcio Lara. A discussão sobre as lutas para a libertação de Angola e o papel da educação naquele contexto avançaria a noite, e imagens do trabalho que vinha sendo realizado foram mostradas a Paulo.

Lúcio Lara, assim como os conterrâneos Agostinho Neto, Pepetela e tantos outros intelectuais africanos revolucionários, estava entre as lideranças que tiveram a oportunidade de frequentar a universidade na Europa. Voltaram fortemente influenciados pelo pensamento marxista e por ideais libertários, com o objetivo de lutar contra o colonialismo na África. Engajados nos partidos revolucionários, constituíram a primeira geração de governantes do país.

Moçambique tornara-se um caso particular no contexto da recém-criada rede dos Países Africanos de Língua Oficial Portuguesa (Palop), organização que articulava as ex-colônias de Portugal. Paulo nunca fora convidado a visitar o país. Com forte influência cubana, havia uma clara divergência entre os seus dirigentes e o trabalho orientado por ele em outros países africanos. Nas palavras de Graça Machel, esposa do presidente Samora Machel, Paulo era considerado um idealista diante do socialismo científico defendido em Moçambique — a frase foi ouvida por um dos membros da equipe de Paulo durante uma visita à capital Maputo.

Em todos os países com que o Idac cooperou, houve constantes conversas entre a equipe de Paulo e os dirigentes e as comissões de alfabetização locais. Todo o material didático de apoio era enviado para que fosse estudado, modificado e testado antes de sua aplicação. No caso de São Tomé e Príncipe, por exemplo, o próprio presidente, Manuel Pinto da Costa, conferiu o conteúdo para dar sugestões ao Idac — a ideia era adaptar as lições ao contexto local, eliminando o que considerava "brasileiradas".

Paulo costumava enviar fitas cassete com orientações aos países africanos — ele acreditava que, por conta da prática dominante no continente de transmitir o conhecimento oralmente, e não pela escrita, as gravações seriam mais eficazes. Insistia para que os trabalhos começassem sempre com a leitura dos textos pelo animador cultural, para que o primeiro contato dos alunos com o conteúdo proposto fosse pela escuta. Também se preocupava em respeitar, nos processos de aprendizagem, as formas e expressões corporais com que se apresentavam, conversavam, trabalhavam e se divertiam os alunos dos diversos países da África, bastante distintas das que havia observado em outros continentes. As manifestações artísticas e culturais, transmitidas por gerações como forma de resistência às imposições do colonialismo português, eram elementos centrais no comportamento das pessoas e por isso deveriam ser incorporadas no processo de aprendizagem.

Nas viagens de trabalho, a equipe se distribuía em funções específicas e predefinidas, apesar de, muitas vezes, ser necessário fazer um pouco de tudo. Elza cumpria o papel que um dos membros da equipe definiu como o da *professora*. Era ela quem gerenciava os procedimentos para a prática da alfabetização, estabelecia os temas a serem trabalhados, as palavras geradoras, os quadros silábicos. Elza também cuidava da capacitação dos professores locais. Nos exercícios pedagógicos, estava à frente das informações mais técnicas, cuidando dos manuais de alfabetização e da avaliação dos progressos e dificuldades. Uma das professoras em formação sintetizou da seguinte maneira: "Paulo era da conversação e Elza da concretização em termos pedagógicos". Depois de ver os filhos ganharem autonomia, Elza pôde retomar o trabalho de professora deixado dez anos antes, quando ainda vivia em Recife.

No intervalo das muitas viagens feitas por Paulo, ele escrevia cartas para as equipes locais, um importante suporte para o trabalho desenvolvido à distância e pensadas para orientar as equipes encarregadas do trabalho de alfabetização na África. Com o tempo, as cartas passaram a ser endereçadas diretamente aos animadores culturais, com cópias para os coordenadores. Normalmente eram assinadas por Paulo Freire; outras vezes ele as escrevia e, depois de revisadas por membros da equipe local, estes acabavam por assiná-las. No caso da Guiné-Bissau, a correspondência se tornou um livro, *Cartas à Guiné-Bissau: Registros de uma experiência em processo*, publicado para documentar os primeiros dois anos de seu trabalho no país. Fez o mesmo em dezembro de 1978, quando publicou quatro cartas dirigidas aos animadores dos Círculos de Cultura de São Tomé e Príncipe. Ambas as publicações se tornaram referência para estudiosos da prática freiriana na África.

As iniciativas no campo da educação confluiriam para a primeira reunião de ministros da Educação de Angola, Cabo Verde, Guiné-Bissau, Moçambique e São Tomé e Príncipe, ocorrida em fevereiro de 1978, em Bissau. Além da troca de experiências entre países que enfrentavam os mesmos desafios para implantar um sistema educacional coerente com as novas perspectivas dos países recém-libertados, a reunião foi marcada por um tema principal: a diversidade linguística, a grande questão a ser enfrentada. Nesse encontro, Paulo Freire reafirmou sua posição: os países em que o *crioulo* predominasse como língua veicular ou língua franca deveriam utilizá-lo como língua principal, e não seguir adotando o português, a língua do colonizador. No entanto, as lideranças desses países insistiram no idioma de origem europeia como língua oficial.

Alguns dias antes dessa reunião, Paulo havia participado de uma atividade na Universidade de Lyon II, no departamento de Letras e Civilização, na França, para falar sobre o trabalho nos países africanos. Alunos e professores lotaram o auditório, como se tornara frequente nos eventos em que ele estava presente. Depois de responder às questões de alunos e professores, falou sobre os desafios que vinham encontrando:

> A transformação de um sistema educacional elitista, reacionário, verbalista, para um tipo de educação em que a produção esteja casada com a educação, em que se busque pouco a pouco superar a dicotomia trabalho manual/trabalho intelectual, é uma coisa que a gente pode imaginar quão difícil é! Quanto mais me meto no esforço de reconstrução nacional desses países, quanto mais eu me molho das águas da reconstrução, tanto mais eu descubro o óbvio: quão difícil é realmente reconstruir uma sociedade! Criar uma sociedade nova, que vai gerar um homem novo e uma mulher nova! [...] Isso demanda uma consciência política clara, que

vai clarificando mais na práxis política, fora da qual não há caminho, eu creio, não há solução. Como desenvolver um sistema educacional que estimule a criatividade, a inventividade, uma percepção crítica do momento mesmo em que se vive, o sentido da participação, a superação dos interesses individuais em função dos interesses coletivos? Como desenvolver uma nova pedagogia se as próprias estruturas das sociedades não foram total e radicalmente transformadas ainda? Mas exatamente porque isso não é mecânico, mas sim dialético, em certos casos a educação anuncia o mundo a transformar-se, mas é preciso que este mundo se transforme realmente para que o anúncio que a educação faz não caia no vazio. Isso tudo exige rigor nos estudos, capacitação de quadros, desenvolvimento econômico e social do país, tudo a um só tempo! Não é fácil.

Sobre a questão da língua a ser utilizada nos processos de escolarização, Paulo foi taxativo: "A língua portuguesa está assumindo este papel [dominante] que eu pessoalmente acho que ela não pode cumprir".

Mario Cabral, em entrevista de 2002, que consta em *A África ensinando a gente*, justificou a alfabetização em língua portuguesa na Guiné-Bissau argumentando que a escolha viabilizaria uma melhor comunicação com outros países, já que as mais de trinta línguas faladas na Guiné-Bissau não eram escritas. Para contemplar parte da diversidade linguística do país, pretendia estabelecer seis línguas oficiais, incluindo o português e o *crioulo*, o que cobriria cerca de 80% da população do país. Mas as dificuldades para concretizar esse plano eram imensas. Em um país com condições econômicas desfavoráveis e num contexto social em transformação, sem professores disponíveis, como fazer para formar novos profissionais e produzir materiais em seis línguas, sendo que em cinco delas não se escrevia? E mais: como selecionar algumas línguas entre tantas, quando todos tinham o direito de se alfabetizar na língua materna, segundo as recomendações da Unesco? Como tratar a diversidade em sala de aula? Os professores deveriam ser multilíngues ou haveria vários professores na mesma classe? "Cada língua tem o seu direito, não é?", pontuou. Também havia a questão da identidade nacional: "A Guiné-Bissau não pode ser um mosaico de identidades próprias que aprendem em sua língua particular", defendeu Mario.

As reflexões de Paulo e Mario Cabral expressavam parte das dificuldades que vinham sendo enfrentadas no trabalho na África. O encantamento da chegada na Guiné-Bissau, a paz interior que Paulo e sua equipe sentiam ao se desligar do mundo europeu para trabalhar na simplicidade de países como Cabo Verde e São Tomé e Príncipe, a vontade revolucionária de encontrar soluções para reconstruir países que se libertavam de um colonialismo excludente, os sonhos e as utopias envolvidas na construção de países livres, mais humanos e valorizando a cultura local — tudo isso foi, aos poucos, mostrando seus limites.

10.
"As universidades deveriam correr para contratá-lo"

O teatro da Pontifícia Universidade Católica de São Paulo, a PUC, estava cheio naquele 20 de agosto de 1979, com pessoas sentadas nos corredores e nas laterais do palco. Ficaram de fora muitos estudantes, professores e interessados em educação em geral, que seguiam tentando participar de um momento histórico. Aquela era a primeira atividade pública de Paulo Freire, de volta ao Brasil depois de quinze anos de exílio. O país vivia um clima de entusiasmo com o início do processo de abertura política, apesar do autoritarismo ainda vigente — a ditadura só se encerraria no Brasil em 1985.

A grande força do processo de abertura política era proveniente não só das lutas institucionais no Legislativo e no Judiciário, e mesmo dentro do Executivo, mas principalmente dos crescentes movimentos sociais de resistência à arbitrariedade dos militares e de demanda por direitos. Vinha ainda de setores progressistas das igrejas, agentes que, ao aderirem às teologias mais críticas, defendiam uma aproximação com os pobres e desfavorecidos, vendo neles o lócus prioritário de ação pastoral. A maioria dos trabalhos de formação, organização e mobilização popular estava em sintonia com as ideias de Paulo Freire, cujos escritos fundamentavam o chamado "trabalho de base".

As pressões do final da década de 1970 pela democratização do país desembocariam na demanda pela anistia política. Políticos, jornalistas e diversos outros setores da população criariam comitês no Brasil e em outros países para pressionar o Congresso Nacional e o presidente da República pelo retorno dos exilados e a liberdade dos presos políticos. Em novembro de 1978, em São Paulo, depois de várias manifestações, atos públicos e ações coletivas ocorridas pelo país, foi realizado o primeiro grande encontro dessas forças para discutir, no I Congresso Nacional pela Anistia, as estratégias para concretizá-la. A maioria dos presentes indicou desejar uma anistia ampla, para todas as vítimas do golpe militar e sem restrições de nenhuma natureza.

A Lei nº 6.683, conhecida como Lei da Anistia, foi aprovada pelo Congresso Nacional e sancionada pelo então presidente da República, o general João Baptista Figueiredo, em 28 de agosto de 1979, atendendo apenas parcialmente a demanda da população — preservou militares e torturadores e excluiu da anistia aqueles que optaram pela luta armada contra o golpe de 1964. Paulo e parte da família regressaram ao Brasil sem que a Lei da Anistia tivesse sido aprovada, confiando nas garantias oferecidas a eles antes de viajar e no clima de abertura política e de mobilização da sociedade que acabou por levar à aprovação da lei, 21 dias depois de sua chegada.

A PUC de São Paulo desempenhou um papel fundamental na resistência à ditadura militar. Dom Paulo Evaristo Arns, cardeal arcebispo de São Paulo, um dos líderes da parcela progressista dos bispos do Brasil, grão-chanceler da universidade, e Nadir Kfouri, sua reitora, eram exemplos de pessoas com posições firmes e tornaram-se referências na luta pela democratização do país. A presença de Paulo na PUC não só simbolizava sua disposição para lutar contra o estado de exceção em que o Brasil ainda vivia, como também indicava a cidade e o local que escolhera para trabalhar. Consultado presencialmente por Dom Evaristo Arns em 1978, ainda quando morava em Genebra, Paulo Freire acolheu com alegria o convite que a reitoria da universidade lhe fizera. Nesse encontro, o cardeal informou a Paulo e a sua família sobre as garantias que havia negociado com as autoridades brasileiras para que pudessem retornar ao Brasil. O contrato de professor titular seria assinado no ano seguinte, já com Paulo vivendo definitivamente em São Paulo.

A atmosfera do encontro no auditório da PUC deu a Paulo a dimensão do alcance de seu trabalho no país, mesmo depois de tantos anos de exílio. Se havia se tornado um dos brasileiros mais reconhecidos no exterior — diante das muitas traduções de sua obra, entrevistas, visitas a universidades, governos, grupos da sociedade civil —, também era muito admirado em sua terra natal. Diante de uma plateia ansiosa, Paulo foi chamado ao palco e fez uma fala sem rancores, sem zangas ou juramentos de vingança, não cobrou a reparação das violências de que tinha sido vítima. Agradeceu os que estavam ali para prestigiá-lo e disse, com a voz baixa e pausada, quase sussurrando nos dois microfones que mantinha rente aos lábios, que o exílio não fora só dele e de alguns perseguidos políticos, mas de toda a nação.

No artigo "Um educador engajado", publicado na *Folha de S.Paulo* em 7 de agosto de 1979, dia em que Paulo desembarcou no aeroporto de Viracopos, Almino Affonso, ex-ministro de Jango, escreveu:

> Chega hoje a São Paulo, depois de mais de quinze anos de exílio, o professor Paulo Freire. A muitos, seguramente, há de causar estranheza que um educador, desvinculado de uma militância política em seu sentido estrito, tenha estado impossibilitado de regressar à terra natal durante tanto tempo. Nada, porém, mais antagônico do que a figura luminosa de Paulo Freire e o obscurantismo do regime autoritário. [...] Retorna o professor Paulo Freire com uma bagagem carregada de serviços prestados aos povos da América Latina e da África; com uma obra consagrada, em sucessivas

edições, em vinte idiomas; com títulos de doutor honoris causa pela Universidade de Louvain (Bélgica), Universidade Livre de Londres (Inglaterra), Universidade de Michigan (Estados Unidos) e Universidade de Genebra (Suíça); com uma grandeza que decorre, sobretudo, de haver posto sempre o seu pensamento a serviço da libertação do homem.

Paulo chegou com Elza e dois dos seus filhos, Joaquim, com 23 anos, e Lutgardes, com 21. Foram recebidos por uma grande comitiva, entre os quais estavam Fernando Henrique Cardoso, Eduardo Suplicy, José Carlos Dias, Irma Passoni, Vera Barreto e Zeca Barreto, o casal que o levara para tomar o avião para o exílio na Kombi do Movimento de Cultura Popular de São Paulo. Em meio às faixas de boas-vindas, estavam também agentes de pastorais incentivados a comparecer por dom Paulo Evaristo Arns, educadores e admiradores. O clima era de apreensão por uma possível ação repressiva que tentasse impedir o desembarque. Os Freire voltavam para passar um mês e organizar o retorno definitivo para o ano seguinte. Sobre estar de novo no Brasil, Paulo declarou aos jornalistas: "Olho para mim mesmo e me vejo contente e feliz, numa felicidade quase menina, apesar dos meus 57 anos". Diante da insistência de repórteres que queriam a sua opinião sobre o momento político brasileiro, afirmou que seria uma leviandade de sua parte fazer uma análise, além de um desrespeito aos brasileiros, já que ele tinha ficado tanto tempo fora do país. "A cada momento eu descubro que é indispensável estar aqui para melhor entender toda a atual realidade. Quinze anos de ausência exigem uma reaprendizagem e uma intimização com o Brasil de hoje", afirmou. Elza acompanhava à distância, e com preocupação, o depoimento de Paulo aos jornalistas, temerosa por algum deslize ou empolgação que pudesse causar futuros transtornos. Para seu alívio, saíram sem problemas do aeroporto com Madalena, a filha mais velha, que vivia em São Paulo e que os aguardava no aeroporto. A família Freire teve que lutar para obter os passaportes que lhe permitiram voltar ao Brasil. Paulo tinha um documento especial fornecido pelas Nações Unidas que lhe autorizava mover-se com restrições para atender suas demandas de trabalho e convites, mas não a voltar ao Brasil. Elza vinha insistindo na renovação do seu passaporte e dos dois filhos menores, inclusive dando entrada no Tribunal Federal de Recursos com um mandado de segurança contra o Ministério das Relações Exteriores, argumentando que havia uma intenção discriminatória por preconceito político contra a família, já que não constava nenhuma acusação formal ou processo na justiça contra eles. O controle dos passaportes por parte do Itamaraty foi uma das formas de perseguição política de exilados. Os que saíram com o documento não conseguiam renová-lo, os que não tinham a documentação não conseguiam obtê-la. A família Freire lidou com essa barreira durante os mais de quinze anos que viveu fora do país. Paulo, apesar de conhecido, precisava viajar com convites e cartas de apresentação em mãos para mostrar nos setores de segurança dos aeroportos e controles de fronteira. Sua filha Fátima, depois de muito tempo de insistência para renovar seu passaporte brasileiro, acabou obtendo um do governo polonês por ser casada com Ladislau e ter um filho da mesma nacionalidade.

Ainda no aeroporto, Fernando Henrique Cardoso declarou aos jornalistas presentes que era uma vergonha uma pessoa como Paulo Freire ser obrigada a deixar o país e que agora era um problema de todos criar condições de trabalho para ele em seu retorno. "As universidades deveriam correr para contratá-lo", disse.

Nos dias de sua breve estada em São Paulo, Rio de Janeiro e em sua terra natal, Recife, pôde perceber em todos os lugares por onde passou a admiração e o reconhecimento da população brasileira. Decidiu fixar residência em São Paulo, para onde voltou em definitivo no ano seguinte, por se sentir mais seguro e protegido diante de um trabalho fixo e do acolhimento de uma parcela importante da Igreja Católica. A consistência de seu trabalho como educador o levaria a receber, também aqui, muitos convites para conferências, mesas-redondas e entrevistas, tanto da comunidade acadêmica quanto da sindical e de organizações e movimentos sociais.

Na PUC, Paulo integrou-se ao Programa de Pós-graduação em Educação: Currículo. Além de ser o titular de algumas disciplinas, acompanhava grupos de pesquisa e orientava alunos do mestrado e do doutorado — não chegou a dar aulas na graduação. Suas aulas eram ministradas no quarto andar do prédio novo da universidade, local dos programas de pós-graduação, e sua presença pelos corredores era motivo de admiração, curiosidade e atenção.

Os seminários que ministrava eram sempre muito concorridos. Gostava de chamar seus encontros com os alunos de seminários — entendia que "cursos" ou "aulas" eram termos não coerentes com sua postura dialógica. Era comum encontrar alunos apinhados nas janelas e sentados no chão quando chegava para os encontros. Costumava vestir-se com um misto de informalidade e sobriedade. Podia ser visto, por exemplo, trajando uma camisa azul de manga curta, gravata vermelha, calça azul larga e tênis branco.

Não importava para Paulo o número de alunos na sala de aula. Entrava, cumprimentava a todos cordialmente e dava início ao seminário. Normalmente, escrevia no quadro uma frase sintética, como "teoria versus prática". Depois convidava os alunos a refletirem sobre o tema de forma livre, a partir de suas próprias experiências. Os estudantes tinham formação prévia em diversas áreas, como filosofia, história, letras, pedagogia.

A única recomendação era a de que a liberdade de participação não fosse motivo para perder o foco sobre o tema apresentado e suas consequências para a vida de cada um. Paulo acolhia a voz de todos, falava sobre diversos autores sem mostrar filiação a nenhuma teoria específica. Os diálogos se amplificavam a cada novo encontro, em consonância com sua pedagogia. Normalmente dividia os seminários com algum outro professor, colegas do programa de pós-graduação na PUC. Essa forma de atuar, estabelecida por uma sugestão sua, era baseada no princípio de que ninguém sozinho detinha todo o conhecimento, que quanto mais gente estivesse na sala de aula, mais ricos seriam os seminários em função da diversidade de opiniões e visões. A iniciativa passou a ser prática comum no programa. Os professores Antonio Chizzotti, Ana Maria Saul e Yvonne Khouri eram os docentes que mais dividiam os seminários com Paulo. O trabalho coletivo também permitia que ele pudesse atender a outras inúmeras demandas nacionais e internacionais.

Sem o apoio institucional que tinha no CMI, Paulo decidiu contratar uma pessoa para assessorá-lo. Convidou a aluna Dagmar Zibas, que tinha por principal função responder aos convites que chegavam, muitos de lugares incomuns, o que exigia pesquisas prévias antes de discuti-los com Paulo. Dagmar passou a triar cerca de cinquenta cartas por semana; as selecionadas eram lidas para Paulo, que lhe dizia como encaminhá-las. Os dois tinham conversas longas, nas quais o educador mostrava seu gosto por contar casos e relembrar histórias. Com o tempo, Dagmar foi ganhando autonomia para, diante de uma agenda sempre apertada, descartar de antemão as demandas que julgava descabidas; havia de tudo na correspondência de Paulo: convites para conferências, pedidos de dinheiro, solicitações de bibliografia e de leitura de teses, encaminhados por estudantes, professores, autoridades e instituições.

Em 1980, Paulo recebeu o Prêmio Internacional Rei Balduíno para o Desenvolvimento, por sua contribuição à pedagogia da alfabetização, entregue no dia 15 de novembro em Bruxelas, na Bélgica. Antes, em setembro de 1975, havia recebido outro prêmio internacional, dessa vez da Unesco: o prêmio Mohammad Reza Pahlavi, na cidade de Persépolis, no Irã, por ocasião do Simpósio Internacional para a Alfabetização de Adultos, organizado pela agência das Nações Unidas, apesar da pressão do governo brasileiro para que não ocorresse a homenagem.

Além do trabalho na PUC, Paulo aceitou o convite para ser professor na Faculdade de Educação da Universidade Estadual de Campinas, a Unicamp. O interesse por tê-lo no corpo docente já havia sido manifestado pelo diretor da faculdade em 1978, quando Paulo ainda vivia em Genebra. Diferente da contratação na PUC, sua efetivação na Unicamp não transcorreria de maneira tranquila, afinal acima da universidade, estadual e pública, ainda havia um governo militar. Enquanto aguardava a sua efetivação, trabalhou como professor convidado e por poucas horas, mas recebeu acolhida calorosa da comunidade acadêmica, que apoiava sua presença no campus.

Em 1982, dois anos depois do início de sua colaboração com a Unicamp, seu nome voltaria a ganhar destaque. A universidade vinha passando por mudanças nos critérios de sucessão da reitoria — o processo vinha sendo monitorado pelo governador do estado, Paulo Maluf, alinhado aos militares. Maluf se utilizaria de uma série de artifícios para manter o controle sobre a indicação do novo reitor. Em um movimento de grave violação da autonomia universitária, diretores legitimamente eleitos seriam afastados e interventores foram indicados para seus postos, em uma clara tentativa de manipular a composição do colégio eleitoral. Como reação, a comunidade acadêmica fez um amplo processo de consulta paralela com professores, funcionários e alunos para apontar nomes para assumir a reitoria.

Paulo ficou em primeiro lugar entre os seis professores indicados, com mais de 6 mil votos.

Mesmo com a grande manifestação de apreço da comunidade universitária, o processo para sua efetivação na Unicamp continuaria emperrado. Três anos depois, um novo fato causou constrangimento em seus colegas, mas resultou na solução do impasse. Em mais um movimento para postergar a efetivação de Paulo, a reitoria interventora solicitou ao professor Rubem Alves, membro do Conselho Diretor da Faculdade de Educação, um parecer a respeito do educador. O pedido despertou tamanha indignação em Alves que o levou a elaborar o seguinte parecer:

Um parecer sobre Paulo Reglus Neves Freire.

O seu nome é conhecido em universidades através do mundo todo.

Não o será aqui, na Unicamp? E será por isso que deverei acrescentar a minha assinatura (nome conhecido, doméstico) como avalista?

Seus livros, não sei em quantas línguas estarão publicados. Imagino (e bem pode ser que esteja errado) que nenhum outro dos nossos docentes terá publicado tanto em tantas línguas. As teses que já se escreveram sobre o seu pensamento formam bibliografias de muitas páginas. E os artigos escritos sobre o seu pensamento e sua prática educativa, se publicados, seriam livros.

O seu nome, por si só, sem pareceres domésticos que o avalizem, transita pelas universidades da América do Norte e da Europa. E quem quisesse acrescentar a este nome a sua própria "carta de apresentação" só faria papel ridículo.

Não, não posso pressupor que este nome não seja conhecido na Unicamp. Isto seria ofender àqueles que compõem seus órgãos decisórios.

Por isso o meu parecer é uma recusa a dar um parecer. E nessa recusa vai, de forma implícita e explícita, o espanto de que eu devesse acrescentar o meu nome ao de Paulo Freire. Como se, sem o meu, ele não se sustentasse. Mas ele se sustenta sozinho. Paulo Freire atingiu o ponto máximo que um educador pode atingir. A questão não é se desejamos tê-lo conosco. A questão é se ele deseja trabalhar ao nosso lado. É bom dizer aos amigos: Paulo Freire é meu colega. Temos salas no mesmo corredor da Faculdade de Educação da Unicamp. Era o que me cumpria dizer.

O parecer foi firmado em 25 de maio de 1985. Um mês e meio depois, em 12 de julho, a admissão de Paulo Freire como professor da Unicamp foi publicada no *Diário Oficial do Estado de São Paulo*.

Paulo foi professor da Unicamp até 1991, quando pediu ao reitor que o exonerasse, em decorrência de sua readmissão, via Ministério da Educação, na Universidade Federal de Pernambuco, antiga Universidade de Recife, onde havia trabalhado até 1964. Paulo estava prestes a se aposentar por idade e não poderia acumular duas aposentadorias pelo serviço público, conforme o estabelecido na Constituição de 1988. Optou por se aposentar pela Universidade Federal de Pernambuco — como explicou a Carlos Alberto Vogt, à época reitor da Unicamp, na carta que lhe enviou em 4 de março de 1991, Paulo receberia mais aposentando-se pela UFPE.

Além dos compromissos regulares na PUC e na Unicamp, Paulo também colaborou com outras instituições de ensino superior. Na Universidade Metodista de Piracicaba, a Unimep, aceitou o convite para desenvolver um ciclo de debates sobre educação popular, que ocorreu ao longo do segundo semestre de 1983. Na Universidade de São Paulo, a USP, em 1987, ministrou um curso de um semestre na pós-graduação da Escola de Comunicações e Artes (ECA) chamado "Arte-Educação e Ação Cultural", a convite da professora Ana Mae Barbosa. Ainda na USP, convidado pelo professor Moacir Gadotti, Paulo ajudou a formatar os chamados "Encontros com Paulo Freire", na Faculdade de Educação.

O número de interessados em assistir às aulas de Paulo Freire era sempre muito grande, o que fazia com que os organizadores tivessem que buscar espaços maiores e limitar as inscrições. O curso na ECA, por exemplo, receberia matrículas de diversas unidades da USP. Ao todo, foram aceitos 120 alunos e os encontros precisaram acontecer no auditório da Faculdade de Arquitetura e Urbanismo (FAU), bem maior. A professora Ana Mae, que acompanhou Paulo Freire no curso, declarou que foi a aventura cognitiva mais importante da sua vida.

Os novos convites iam se multiplicando. Já conhecido pelos seus livros, na verdade mais no exterior do que no Brasil, sua figura e seu modo de falar e de se apresentar acrescentariam características peculiares ao homem público. Nas palavras de um de seus ex-alunos da PUC, Paulo Ghiraldelli Jr.:

> Paulo Freire chegou de camisa azul de manga curta, gravata vermelha, calça azul e tênis novo, branco. Cumprimentou todos de modo simpático e característico, apresentando a barba longa e os cabelos um pouco compridos em uma coloração ainda não completamente branca, mas cinza, um pouco diferente das fotos de boa parte das capas de seus livros, responsáveis pelo imaginário social mais atual sobre Freire. Essa aparência era, é claro, adrede preparada. Freire sabia muito bem como agradar o seu público. Era uma elegante maneira, também, de demonstrar carinho e respeito pelos estudantes.

II.
Reaprender o país

O pensamento de Paulo também produzia arestas e confrontos com intelectuais, educadores, jornalistas, políticos e até membros das igrejas. Suas obras receberam críticas duras em vários momentos, algumas vezes de forma respeitosa, em diálogo com suas propostas, outras como ataques agressivos para desqualificá-lo como educador e banir suas ideias.

Uma das divergências mais conhecidas foi a travada com Ivan Illich, amigo de Paulo desde os anos 1960, quando esteve em Recife para conhecer o seu trabalho. Em *Sociedade sem escolas*, o livro mais famoso de Ivan, publicado em 1970, ele fazia uma forte crítica à institucionalização da educação. Os dois educadores discutiram em vários momentos as suas posições divergentes quanto ao papel da escola, como ocorreu em Genebra, em 1974, em um evento promovido pelo Conselho Mundial de Igrejas. O tom foi sempre respeitoso entre eles, que reconheciam virtudes no pensamento do outro. Ambos tinham posições críticas em relação à escola; enquanto Illich não acreditava em recuperação possível, Paulo se mostrava mais otimista: havia contradições a serem superadas nas instituições de ensino, sim, mas as escolas poderiam servir à verdadeira educação popular.

No início dos anos 1980, em particular na PUC, mas também na Unicamp e em outras universidades, Paulo deparou com uma série de críticas na comunidade acadêmica baseadas em sua não filiação à ortodoxia marxista. Sua formação teórica o levava a citar o que achava que deveria citar, ler o que achava que deveria ler para fundamentar a sua prática, sem privilegiar um autor ou uma linha de pensamento específica, mas sempre atualizando suas matrizes principais, que haviam se constituído desde seus primeiros trabalhos. Era permanente uma visão do ser humano fundamentada no seu cristianismo progressista, de quem viveu os tempos da Teologia da Libertação e das orientações do Concílio Vaticano II. Inspirou-se no personalismo, no existencialismo, na fenomenologia. Sua matriz cristã se complementava com as teorias a respeito da democracia como prática política e social, como em Mannheim; também com aquelas que ajudavam a explicar a realidade nos diversos momentos da sua vida, como foi o nacional-desenvolvimentismo do Iseb nos primeiros anos ainda no Brasil e o marxismo no Chile, já em *Pedagogia do oprimido* e em obras posteriores. Aprendeu sobre colonialismo com Amílcar Cabral e outros teóricos africanos, assim como Frantz Fanon, para pensar a sua prática no contexto daquele continente. Alinhava-se com autores nas críticas ao sistema escolar, como Illich e Myles Horton, mas se distanciava deles ao acreditar na possibilidade e na necessidade de construir um sistema escolar voltado à maioria da população, como em Anísio Teixeira e os escolanovistas. Ampliou suas referências de alfabetização em diálogo com os construtivistas e as perspectivas histórico-culturais. Foram muitos os autores com quem Paulo dialogou no campo das pedagogias críticas que reconheciam a unidade entre a educação e a política. As várias contribuições teóricas fundamentavam conceitos e valores como a liberdade e a autonomia, a curiosidade epistemológica, a amorosidade, a boniteza e a estética, o diálogo, a ação cultural, a horizontalidade nas relações e a democracia, a aprendizagem coletiva, a tomada de consciência sobre as raízes dos problemas que permite a ação para superá-los, a relação entre a teoria e a prática, a utopia e a esperança que se manifestariam não na "pura espera", mas sim na ação, entre outros. Ana Maria Araújo Freire, em *Paulo Freire: Uma história de vida*, faz um amplo levantamento das influências recebidas pelo autor em seus diversos trabalhos. Em 9 de fevereiro de 1981, um ano depois do retorno de Paulo ao Brasil, o cardeal de Porto Alegre, Dom Vicente Scherer, comentou a obra de Paulo no programa de rádio *A Voz do Pastor*. Lamentou o que chamou de "suposto progressismo" de educadores e educadoras, inclusive religiosos "que obedecem, com certeza inconscientemente, a linha de pensamento do educador. Esta filosofia educacional não se concilia e não se harmoniza com os princípios da doutrina cristã e com eles está em chocante e irreconciliável contradição", disse. Tentando mostrar o quanto as ideias do educador eram perniciosas para a doutrina cristã, o cardeal afirmou que "o conceito de educação e a antropologia de Freire se revelam iniludivelmente agnósticos e plenamente laicistas", em seu objetivo de formar pessoas capazes e decididas a se engajar na luta transformadora e revolucionária. Para ele, ao contrário, a filosofia cristã, "principalmente no evangelho, ou na educação cristã, na tradição e em todos os documentos da Igreja, colocam muito alto a finalidade do esforço educacional na família, na escola e na Igreja".

Os comentários de Dom Vicente provocaram reações imediatas. Uma semana depois, um grupo de intelectuais soltou uma nota em apoio ao educador:

> Os abaixo-assinados vêm a público manifestar o seu apreço ao educador Paulo Freire e reafirmar o reconhecimento do significado extraordinário da sua obra. Mais do que o inventor do método de educação popular que melhor respondeu às necessidades da imensa maioria do povo brasileiro — e que tem sido aplicado em várias regiões do mundo —, Paulo Freire impõe-se ao respeito de todos como pedagogo

da justiça social, em total harmonia com os princípios da doutrina cristã, em particular, e dos direitos humanos em geral. É lamentável para o Brasil que uma personalidade de prestígio internacional — doutor honoris causa pela Universidade de Londres, Genebra, Louvain e Michigan e detentor do prêmio de educação Rei Balduíno da Bélgica em 1980 —, longe de ser desagravado oficialmente das injustiças sofridas desde 1964, seja alvo de agressões indevidas. Consideramos que o julgamento preconceituoso da obra de Paulo Freire, além de ferir a dignidade de um grande educador, termina por servir às políticas de injustiças do poder estabelecido e confirma uma prática obscurantista e inquisitorial de censura.

Assinaram a nota Antonio Candido, Francisco Weffort, Ernani Maria Fiori, Sérgio Buarque de Holanda, Fábio Konder Comparato, Florestan Fernandes, Hélio Jaguaribe, Hélio Pellegrino, Raymundo Faoro, entre outros.

No plano intelectual, Paulo seguia exercitando a postura que demonstrou naquele encontro no teatro da PUC, em 1979. Olhava para o futuro, queria reaprender o país, e por isso considerava que o diálogo com seus questionadores era a melhor forma de se manter coerente com a obra que construíra até ali.

Em muitas ocasiões, teve de lidar com questionamentos sobre uma posição que defendia na década de 1960, em seus primeiros escritos: a aliança entre as elites e o povo. Paulo respondia que, se entendida no processo histórico vivido, fruto de sua aproximação com os intelectuais do Instituto Superior de Estudos Brasileiros, a ideia se mostraria progressista, na medida em que era uma perspectiva nacionalista e voltada para um modelo de desenvolvimento que fortalecia o mercado interno. Paulo sempre se incomodava com as críticas que não consideravam o tempo histórico nem a forma como seu pensamento havia evoluído.

As críticas que contestavam os resultados práticos das propostas do educador o acompanharam por toda a trajetória, desde a experiência em Angicos até sua gestão como secretário de Educação da cidade de São Paulo, cargo que assumiria em 1989. Paulo costumava se defender delas explicando que a ação cultural e política desencadeadas pelos processos educativos tinham importância equivalente ao próprio processo de ensino e aprendizagem. Mesmo assim, nunca deixou de reconhecer a necessidade de aprimorar suas práticas; reconheceu, por exemplo, que era fundamental ampliar o período das 40 horas propostas inicialmente para alcançar um estágio pleno de leitura e de escrita. Não reconhecer limitações seria uma contradição, já que Paulo recomendava que seu pensamento não fosse reproduzido de modo mecânico — era sempre necessário que seu método fosse adaptado e recriado de acordo com a realidade dos alunos e do entorno em que seria aplicado.

Em abril de 1983, Paulo voltou a Angicos pela primeira vez, para reencontrar antigos alunos e professores da histórica experiência de alfabetização que tanto o havia marcado. O encontro foi uma oportunidade de repassar detalhes da ação, realizada vinte anos antes, e avaliar seu significado para a educação no Brasil e seu impacto na trajetória de Paulo. Na sequência, o educador participou do programa *Memória Viva*, da Universidade Federal do Rio Grande Norte, com o professor Celso Beisiegel, reconhecido por ele como um dos principais estudiosos de sua obra.

Quando questionado sobre sua vocação, Paulo respondeu que ninguém nasce educador, mas se torna um aos poucos, no processo cotidiano de ensino e aprendizagem. Lembrou o papel que seus pais tiveram em sua formação e seu interesse sempre renovado pela leitura, por buscar conhecimento. Falou também da importância de Elza para o desenvolvimento de sua pedagogia — a experiência da esposa na escola primária, que ele não havia tido, era fundamental para pensar a alfabetização. Paulo também enfatizou a condição de não neutralidade do educador: "Magistério não é sacerdócio, como muitos gostariam que fosse para não atender reinvindicações de salários, é prática política". A condição do exilado surgiu na conversa — Paulo havia perdido suas raízes? Quando não se sabe se será possível voltar ao próprio país, é importante enraizar-se na própria história, respondeu. Não de forma nostálgica, imobilizadora, mas de forma ativa, de modo a enriquecer suas raízes a partir de experiências em outras partes do mundo:

Foi tratando bem as minhas marcas locais, recifenses, o gosto do suco da pitanga, do caldo de cana, do mel de engenho, da batata-doce, da farinha, da feijoada, do peixe no leite de coco, da lagosta, do camarão, da cachacinha de cabeça. Tudo isto o que é, senão eu, senão nós, senão um pedação deste país. É a nossa identidade, a nossa linguagem, é o meu gosto da comida, que é cultural. Foi cuidando bem destas coisinhas que andarilhei pelo mundo e virei cidadão do mundo, não porque *Pedagogia do oprimido* está em dezessete línguas. Virei cidadão do mundo porque, profundamente, encontrei a minha recificidade, então por onde andei no mundo, andei cuidando das minhas marcas. Se eu não carregasse no meu corpo consciente, na minha capacidade de querer bem, na minha amorosidade as minhas marcas, a minha andarilhagem seria uma enfadonha viagem sem destino, seria um andar sem rumo.

Perguntado sobre Angicos, se o seu simbolismo teria sido mais importante do que a experiência de alfabetização em si, que apresentou resultados oscilantes, Paulo respondeu que a experiência não poderia ser avaliada apenas pelo olhar técnico da aprendizagem da leitura e da escrita. Era preciso ultrapassar esses limites e ver a importância de Angicos como uma ação, decisiva no Brasil e na América Latina, que conferiu cidadania a pessoas até então destituídas dos direitos mais básicos, alunos que acolheram com entusiasmo uma oportunidade oferecida pelo poder público. Reafirmou a indispensabilidade de considerar o que "transborda" os limites de uma experiência de alfabetização em si. Foi uma resposta velada às críticas sobre os resultados de suas ações de alfabetização, que Paulo acreditava que não deveriam ser avaliadas apenas do ponto de vista de objetivos técnicos. Era evidente que processos como o de Angicos tinham limitações; as poucas horas de estudos não dariam conta de suprir todas as demandas educacionais de pessoas que não viviam em ambientes letrados.

As ideias de Paulo foram criticadas de forma dura e até banidas por governos autoritários da América Latina. Na Argentina, por exemplo, sua obra, já publicada no país, foi vetada em outubro de 1978, quando o general Albano Harguindeguy, chefe do Ministério do Interior e interino de Educação e Cultura, despachou uma ordem ao professorado do país para "não utilizar nem recomendar os livros de Paulo Freire, em todas as suas edições". O general argumentou que a medida fora adotada levando em conta que os livros de Paulo "servem como meio para a penetração da ideologia marxista nas áreas educacionais e sua metodologia para interpretar a realidade, o homem e a história é claramente tendenciosa". O general Harguindeguy fundamentou a decisão no fato de que "as fontes inspiradoras do pensamento de Freire, como os modelos e exemplos que propõe, são de clara inspiração marxista e toda a sua doutrina pedagógica atenta contra os valores fundamentais da sociedade ocidental e cristã". Sua recomendação dizia respeito a obras como *Educação como prática da liberdade*, *Pedagogia do oprimido*, *Ação cultural para a liberdade*, *Conscientização: Teoria* e prática da libertação e *As igrejas, a educação e o processo de libertação humana na história*. A atuação de Paulo Freire em organizações da sociedade civil também foi notável. Com o fechamento político na América Latina, muitas organizações não governamentais se constituíram em seus países com o apoio financeiro internacional, majoritariamente europeu, grande parte vindo de igrejas católicas e protestantes. Tratava-se de reconstruir o tecido social, de aumentar a resistência ao autoritarismo e de viabilizar a participação política de civis em um ambiente pouco permeável às demandas sociais. Essas organizações alimentavam o trabalho de base na sociedade e apoiavam setores populares para que fossem os protagonistas de suas lutas. Muitos intelectuais sem espaço político nas universidades fizeram dessas organizações o espaço de suas pesquisas e produção teórica. Outras foram criadas por ativistas sociais, que buscavam reaprender e repensar as formas de atuação política depois da derrota que representou a tomada do poder pelos militares e o fechamento de partidos políticos. Nos anos 1980, o fenômeno das organizações não governamentais se multiplicou e se diversificou. Na volta do exílio, Paulo, que já acompanhava o trabalho de ONGs internacionais e havia fundado o Idac, quando vivia em Genebra, engajou-se no trabalho de algumas delas sem, entretanto, abrir mão de sua carreira acadêmica.

 Em 1982, participou da fundação do Vereda — Centro de Estudos em Educação, com os amigos e educadores José Carlos Barreto e Vera Barreto, para fomentar a pesquisa e assessorar na formação de professores e educadores populares. O Vereda foi a ponte para que Paulo recebesse convites para atuar junto a grupos que desenvolviam trabalhos nas periferias e com setores marginalizados da sociedade brasileira.

 Também foi convidado, em 1986, já depois do fim da ditadura militar no país, para ser presidente do Instituto Cajamar, sediado em um amplo espaço do Sindicato dos Metalúrgicos de São Bernardo do Campo, na beira da via Anhanguera. Seu quadro de associados era composto por dirigentes sindicais e de movimentos sociais, políticos e intelectuais. O convite foi feito a Paulo em uma visita dos militantes políticos Pedro Pontual, Osvaldo Bargas e Wladimir Pomar à sua casa. A ideia de construir o Instituto Cajamar tinha partido dos trabalhadores, o que animou Paulo. O foco do instituto, que recebia apoio de uma central sindical italiana, era viabilizar a formação política dos trabalhadores. As instalações permitiam que os participantes residissem no local durante os períodos de cursos.

Paulo enfrentou alguns embates nesse campo. Foi confrontado por grupos que, por tradição político-partidária, estavam acostumados a processos de formação verticais, sem diálogo com os educandos, com conteúdos definidos por intelectuais de fora dos setores populares. Freire era acusado de não dar à formação teórica a devida importância, de limitar seu foco aos métodos e à prática. Certa vez, por meio de um questionário do Instituto Cajamar, foi questionado sobre a contribuição do educador na construção de um projeto pedagógico para classes populares. Respondeu do seguinte modo:

> A formação técnica, científica e política dos grupos populares é o horizonte maior desta contribuição. A superação da curiosidade ingênua dos grupos populares pela curiosidade crítica é um exercício fundamental e permanente, a ser experimentado incansavelmente. Exercício que implica viver a relação dialética teoria-prática. E vivê-la de tal maneira que nos ponhamos cada vez mais distantes de cair na tentação elitista de, negando a sua prática, exclusivizar a importância da teoria. Uma necessita da outra, como nós do ar que respiramos.

Depois de refletir sobre as críticas que recebia, Paulo sempre as considerava em novos escritos, conferências e debates com seus interlocutores. Fazia isso de forma sistemática, reafirmando ou repensando suas ideias, retomando textos para inserir neles novos argumentos, em um permanente refazer. Foi assim em relação à crítica que recebeu por seu "machismo" gramatical, expresso em seus primeiros escritos no uso das regras de concordância no gênero masculino. Passou a utilizar os dois gêneros ou uma linguagem neutra. Também recebeu críticas por suas posições idealistas, por uma suposta falta de percepção da existência de classes sociais, e por não reconhecer a luta de classes como motor da história, críticas que foi rebatendo ao longo do tempo, na medida em que foi se aproximando de uma literatura marxista. Apesar do vasto reconhecimento de sua produção no mundo acadêmico e entre aqueles que praticavam as suas ideias, Paulo não deixou de receber críticas tanto de setores conservadores quanto de progressistas.

A intensa agenda de trabalho de Paulo e seus embates políticos não restringiram o tempo dedicado à sua produção intelectual. Nos últimos anos de exílio e nos primeiros depois do retorno ao Brasil, ele incorporou a prática de publicar livros de diálogos e entrevistas com educadores e pensadores de outras áreas. Os temas dessas conversas eram plurais, assim como a forma de construí-las: algumas aconteceram no Brasil, outras no exterior, em encontros intensivos de um de ou vários dias. Os diálogos eram transcritos, editados, revisados pelos autores e publicados. Paulo gostava dessa forma de conhecer e aprofundar ideias, quase sempre unindo histórias de vida com reflexões sobre o trabalho prático e sua conjuntura, além de indicações para serem testadas no futuro. Os diálogos ou entrevistas quase sempre eram mediados por uma terceira pessoa.

Em outubro de 1984, passadas as grandes manifestações populares que exigiam eleições diretas para a presidência da

República, Paulo se encontrou com Frei Betto na casa do jornalista Ricardo Kotscho, para uma conversa que acabou se estendendo por seis horas. Nesse diálogo, mediado por Kotscho, o educador falou sobre seu sonho de viver numa sociedade em que as ruas e praças fossem tomadas pelo povo todos os dias, "uma sociedade reinventando-se de baixo para cima, em que as massas populares tenham, na verdade, o direito de ter voz e não o dever apenas de escutar". Comentando o contexto político pré-1964, quando a presença das massas populares foi estimulada pelos governos populistas para garantir sua sobrevivência política, observou que "na medida em que esta contradição se aprofunda ou essa ambiguidade se enfatiza, você marcha para a revolução ou para o golpe". Portanto, naquela conjuntura, a educação popular não poderia ser feita *para* o estudante e muito menos *sobre* ele. "Não acredito em nenhuma transformação revolucionária feita para as massas populares, mas com elas", afirmou. O tema da educação popular como uma ação que se realiza também fora dos espaços escolares, bastante presente nos anos 1980, foi retomada em outros livros de diálogos, como *Educação popular: Um encontro com Paulo Freire*, de 1987, no qual conversou com Rosa Maria Torres, e *Que fazer: Teoria e prática em educação popular*, com Adriano Nogueira, lançado em 1988.

Com Ira Shor, Paulo publicou *Medo e ousadia: O cotidiano do professor*, reunião de diálogos registrados nos Estados Unidos sobre o sentido político da docência. Com Myles Horton, outro educador americano, conversou sobre as práticas educacionais com grupos populares, exemplificadas por vivências em realidades distintas — Paulo, no Brasil, no Chile e em países da África; Myles, nos Estados Unidos. Com Donaldo Macedo, cabo-verdiano radicado nos Estados Unidos, dialogou sobre as experiências concretas de alfabetização em Cabo Verde, São Tomé e Príncipe e Guiné-Bissau.

Os diálogos, além de produzirem sínteses eficientes dos conhecimentos dos autores, eram também uma via para se posicionar sobre temas polêmicos. Nos diálogos com Edson Passetti, editados no livro *Conversação libertária com Paulo Freire*, o educador foi provocado a dizer o que pensava sobre aborto. Paulo reconheceu não poder como homem assumir nenhuma posição sobre o tema, e que poderia até ser chamado de reacionário pelas mulheres, mas, para ele, o aborto significava o corte da vida de alguém que ainda não conhecemos. Prevalecia sua posição de cristão alinhado com a doutrina da Igreja Católica com a qual tinha maior proximidade. Argumentou por sua paixão pela vida, afirmando não saber qual direito poderia se sobrepor a ela. Sobre a legalização do consumo de drogas, afirmou ser favorável à liberdade da decisão individual como responsabilidade pessoal intransferível, mas que a questão não deveria ser abordada apenas sob o ponto de vista jurídico e educacional, mas sim de forma multidisciplinar, envolvendo psicólogos, sociólogos, enfim, todos os interessados na discussão.

Vários outros livros de diálogos foram publicados, com destaque para os assinados com Sérgio Guimarães, seis no total, sobre os mais variados temas de sua vida, sua prática e suas ideias. Professor primário, jornalista com mestrado em linguística realizado em Lyon e trabalhos na área de educação em vários países de língua portuguesa, Sérgio iniciou seus diálogos com Paulo no começo dos anos 1980 com *Sobre educação — Diálogos I*, publicado em 1982, e *Diálogos II*, editado em 1984, nos quais retomam memórias distantes para discutir a educação. Nos livros seguintes, *Aprendendo com a própria história I*, de 1987, e *Aprendendo com a própria história II*, de 2000, eles conversam sobre a experiência profissional e pessoal de Paulo no Brasil e na América Latina a partir dos anos 1960 e o período no exílio. Depois vieram *A África ensinando a gente*, de

2003, dedicado à experiência de ambos no continente, e *Sobre educação: Lições de casa*, editado em 2008.

O dia 24 de outubro de 1986 foi um dos mais difíceis da vida de Paulo Freire. Elza morreu aos setenta anos, em casa, vitimada por um ataque cardíaco. Paulo e o filho Lutgardes chegaram a socorrer Elza, que enfrentava problemas no coração havia tempo, mas ela faleceu antes que a ambulância chegasse à residência dos Freire.

Paulo e Elza foram casados por 42 anos e ela o acompanhou em todos os passos de sua trajetória profissional. Cuidou da família para que ela não se desagregasse, mesmo diante da violência do exílio. Deu segurança para que Paulo pudesse alcançar o que alcançou, ajudou-o a tomar decisões importantes e a formular, com sua experiência como professora primária, todo seu pensamento sobre educação.

Nos últimos anos, já de volta no Brasil, Elza aconselhava Paulo sobre quais compromissos deveria assumir. Organizava a vida do marido para que suas diversas atividades pudessem ser realizadas. Cuidava de suas viagens: reservava passagens, hotéis e esquematizava a agenda de trabalho junto a Dagmar. Era a principal referência afetiva e de acolhimento para seus filhos e netos, fora sempre o esteio da família Freire.

No livro *Memórias das mulheres do exílio*, organizado por Albertina de Oliveira Costa e publicado em 1980, há um depoimento de Elza, registrado em 1977. Ela falou sobre o que sentia nos anos em que viveram fora do país: "Quando saí, senti realmente que não voltaria mais, de maneira nenhuma, [...] talvez o momento mais duro tenha sido esse". A angústia foi amenizada, no entanto, pelo fato de ter construído uma trajetória profissional antes de se ver obrigada a sair do Brasil, o que havia lhe dado amadurecimento e tranquilidade para enfrentar novos desafios. Por isso, mesmo sem haver nenhuma acusação formal contra Elza, ela nunca pensou em voltar para seguir sua carreira de funcionária pública. Mas sentia saudades dos "35 professores e seiscentos alunos" com quem trabalhava. Depois de comentar sobre sua opção por cuidar da família, relembrou seu trabalho como alfabetizadora, e como essa experiência foi fundamental na parceria com seu marido: "Fizemos juntos, Paulo e eu, o trabalho de alfabetização no Nordeste".

Sobre seu período de exílio, apesar do sofrimento inicial, declarou ter sido muito mais positivo do que negativo: "Foi uma outra experiência que serviu para a gente entender mais a vida, se doar mais ao mundo, ter mais compreensão com o outro".

A morte de Elza trouxe um profundo pesar para a família, que perdia o seu porto seguro. Abalado, Paulo se recolheu, deixou de exercer boa parte de suas atividades ou permanecia calado, como em um seminário no Instituto Cajamar em que passou todo o tempo em silêncio. Justificou no final do encontro: "Estou exercendo o meu direito ao luto".

Um ano e meio depois, em 27 de março de 1988, Paulo se casou com Ana Maria de Albuquerque Araújo Hasche, viúva desde novembro de 1985 de Raul Carlos Willy Hasche, mãe de quatro filhos. Os dois se conheciam de longa data — Aluízio Pessoa de Araújo, diretor do Colégio Oswaldo Cruz, de Recife, escola que o acolhera como bolsista e depois o contratara como professor, era pai de Ana Maria. Nita, como era chamada, foi aluna de Paulo nos primeiros anos do curso ginasial, entre 1945 e 1946. Voltaria a ser sua aluna na pós-graduação em Educação na PUC de São Paulo, quando frequentou a disciplina "Alternativas em educação popular", ministrada por ele em 1980.

Nita e o marido se tornaram amigos do casal Freire e, posteriormente, Paulo foi orientador de Nita no mestrado. Durante o período de orientação, Paulo perdeu a esposa e se afastou de suas atividades. Ele só retomou o trabalho em maio de 1987, sete meses depois. Antes da conclusão do mestrado de Nita, ela e Paulo se apaixonaram. Em consequência, Paulo não esteve presente na banca de defesa de Nita, como estipula o protocolo acadêmico.

Não foi fácil para Paulo e Nita assumirem a nova relação. Viúvos havia pouco tempo, ambos ainda tinham recordações muito presentes de seus longos casamentos e tiveram que se esforçar para seguir adiante e construir algo novo, sempre cultivando o respeito por seus companheiros de toda a vida.

Tão pouco tempo depois da morte de Elza, Nita enfrentou dificuldades para assumir seu lugar ao lado de Paulo. Houve reações de parte da família e dos amigos, mas Paulo a convenceu a casar-se com ele — tudo daria certo mais adiante. Segundo Nita, adotar o sobrenome Freire, tão grande o seu simbolismo, teve para ela a força de consagrar profundamente aquela união. Paulo insistiu para que Nita parasse de trabalhar e o acompanhasse em suas muitas viagens; alegou que ambos já estavam velhos e que deviam aproveitar juntos o tempo que lhes restava.

Para os filhos, foi muito difícil naquele momento aceitar a presença de outra mulher na vida do pai. Paulo argumentou que tinha o direito de amar de novo.

[na página anterior] À sombra de uma mangueira, a família de Paulo Freire (seu tio Lutgardes, à cabeceira da mesa; sua mãe, Edeltrudes, com um vestido escuro e sentada à esq. na foto, no plano inferior; e Paulo, logo à frente dela).

Acima, a casa em que Paulo Freire nasceu e passou boa parte da infância, no bairro Casa Amarela, em Recife. Abaixo, à esq., a mãe, Edeltrudes Neves Freire, a Tudinha. À dir., Paulo Freire (primeiro, da esq. para a dir.) e seus irmãos fantasiados para o Carnaval.

A certidão de nascimento com o nome completo do educador: Paulo Reglus Neves Freire. À dir., com um ano de idade, em outubro de 1922. Abaixo, Paulo (na frente, à esq.) com seus irmãos, seu pai e sua mãe.

Elza Maia Costa de Oliveira, em 1942. Ao lado, Elza e Paulo, em dezembro de 1944, um mês depois de casados, em sua casa no bairro de Casa Forte, em Recife.

Paulo Freire (em pé, à esq.) com Elza (sentada à sua frente), seus filhos e parentes. Abaixo, Paulo e Elza em Nova York, em fevereiro de 1973.

Ao se formar em direito, em 1947. Ao lado, Paulo em evento promovido pelo Sesi. Abaixo, também em evento promovido pelo Sesi, durante entrega de diplomas às formandas.

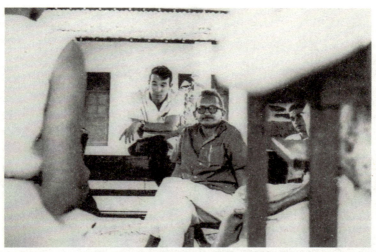

Em 1963, num diálogo com os universitários alfabetizadores em Angicos, Rio Grande do Norte.

Paulo quase irreconhecível, sem barba e sem bigode. Ao lado, concede entrevista depois da experiência de Angicos, em julho de 1963.

Ato de assinatura do decreto que criou o Programa Nacional de Alfabetização do presidente João Goulart, em 21 de janeiro de 1964.

Recebendo, em 1975, um dos primeiros títulos de doutor honoris causa da Universidade de Louvain, na Bélgica; em 1980, o Prêmio Internacional Rei Balduíno para o Desenvolvimento, Bruxelas; em 1991, o título de doutor honoris causa da Universidade Complutense de Madri.

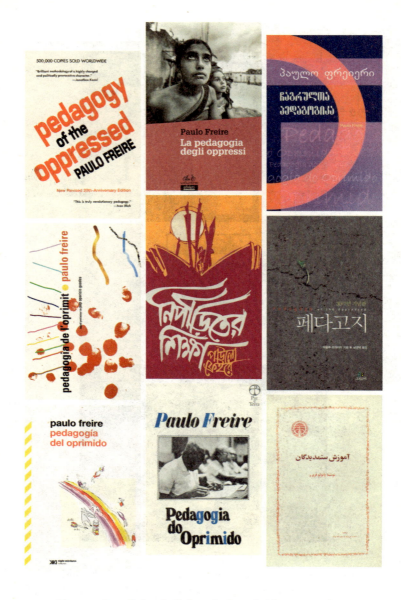

Algumas das edições de *Pedagogia do oprimido* e outras obras de Paulo Freire (do chinês ao urdu, do persa ao georgiano).

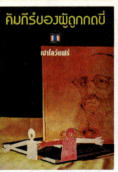

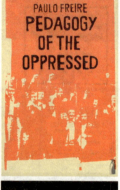

Recepção para Paulo e sua família no retorno do exílio ao Brasil, em Campinas, em junho de 1980.

Em debate em Osasco, depois do seu retorno ao país.

Paulo Freire ao tomar posse do cargo de secretário na Secretaria Municipal de Educação em São Paulo, em 1º de janeiro de 1989. Abaixo, em seu gabinete, em março do mesmo ano.

Como secretário de Educação, participa de ato ao lado da prefeita Luiza Erundina e de Nita Freire.

Em julho de 1990, faixa em frente à Secretaria Municipal de Educação, pedindo a permanência de Paulo.

O chileno Jacques Chonchol, que recebeu Paulo Freire no Chile e lhe ofereceu um emprego no Indap.

Pierre Furter, educador suíço que Paulo acolheu em sua casa, em foto de 1974.

Amílcar Lopes Cabral, líder revolucionário cabo-verdiano, assassinado em 1973, de quem Paulo Freire foi admirador.

Mario Cabral, comissário de Educação da Guiné-Bissau, com Paulo Freire e Miguel Darcy de Oliveira, da equipe do Idac, em 1975.

Paulo e Ira Shor juntos por ocasião da preparação do livro *Medo e ousadia: O cotidiano do professor*, em julho de 1984.

Ao lado de Frei Betto, participando de ato contra a censura nas escolas, em fevereiro de 1989.

Paulo e Myles Horton no Highlander Center, Tennessee, em 1986.

Com Sérgio Haddad e Darcy Ribeiro no Congresso Brasileiro de Alfabetização, em setembro de 1990.

Em maio de 1991, ao lado de Mario Sergio Cortella, para a transmissão do cargo de secretário municipal de educação, e junto com Lula.

Com Augusto Boal, em 1996, durante o Pedagogy and Theatre of the Oppressed Conference (PTO) em Omaha, Nebraska. Abaixo, com dom Paulo Evaristo Arns, fiador do seu retorno ao Brasil.

Paulo Freire e Nita Freire em Edimburgo, na Escócia, em 1988, e, abaixo, já nos anos 1990.

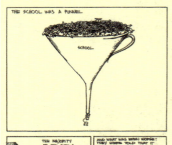

Material com desenhos de Claudius Ceccon
utilizado pela equipe do Idac na África.

Fac-símile do manuscrito de *Pedagogia do oprimido*, 1968.

Artigo no *Diário de Pernambuco*: um dos primeiros textos publicados de Paulo Freire, em 31 de março de 1957.
Ao lado, o mandado de prisão de Paulo Freire expedido pelo tenente-coronel Hélio Ibiapina Lima, em 28 de setembro de 1964.

Salvo-conduto "para exilados", emitido (e emendado) por autoridades bolivianas em 1964.

"Chega de doutrinação marxista, basta de Paulo Freire."
Faixa contra Paulo Freire nas manifestações a favor do
impeachment de Dilma Rousseff em 15 de março de 2015.

"Viva Paulo Freire. Que os bancos paguem a balbúrdia." Faixa a favor de Paulo Freire nas manifestações contra os cortes no orçamento da educação realizados pelo governo Jair Bolsonaro em 15 de maio de 2019.

[na página seguinte] Paulo Freire, Patrono da Educação Brasileira, volta a Angicos em 1993, trinta anos depois de formar a primeira turma com seu método de alfabetização.

12.
"Nós acreditamos na liberdade"

As primeiras eleições municipais após a promulgação da nova Constituição, em 5 de outubro de 1988, demostraram a clara insatisfação popular com o governo do presidente José Sarney e com as forças conservadoras que haviam tomado o poder com o golpe de 1964 — e que permaneciam representadas politicamente no período de transição democrática. Luiza Erundina, candidata do Partido dos Trabalhadores (PT), conquistara uma improvável vitória contra os adversários do campo conservador e assumiu a prefeitura de São Paulo, a mais populosa e importante cidade do Brasil. Com candidatos eleitos em duas outras capitais, Porto Alegre e Vitória, o PT se consagrou como o principal partido de esquerda do país. Outra importante força de oposição, o Partido Democrático Trabalhista (PDT), de Leonel Brizola, venceu em outras quatro capitais, entre elas Rio de Janeiro e Curitiba, transformando as regiões Sul e Sudeste em polos importantes na reivindicação por mudança política.

Era grande a expectativa do paulistano em relação à gestão de um partido de esquerda, com a liderança de uma mulher nordestina que se autoproclamava socialista. Que políticas implementaria? Com que secretariado? Quais seriam as prioridades para a cidade considerada "o motor" da economia brasileira, centro do capitalismo no país e o terceiro maior orçamento do Brasil, depois do da União e do governo do estado de São Paulo?

Enquanto as especulações ganhavam corpo na imprensa, no meio político e entre a população, logo depois de eleita, Luiza Erundina decidiu visitar sua Paraíba natal — uma viagem de descanso e de reencontro com suas raízes. Convidada pela Universidade Federal da Paraíba, Erundina lotou o anfiteatro do Espaço Cultural de João Pessoa com mais de 2 mil pessoas ansiosas para ouvi-la e festejar sua vitória. O clima era de festa. Começou seu discurso lembrando que o país ainda não estava preparado para o socialismo em que ela acreditava; muitos espaços ainda teriam que ser ampliados, dentro do jogo democrático, para que essa mudança se concretizasse. Explicou que decidiu visitar sua terra natal para reunir a força necessária para enfrentar o enorme desafio de administrar uma cidade como São Paulo. Tinha plena consciência de que deixaria de ser estilingue para ser vidraça, e por isso buscava inspiração em suas raízes.

A presença de Erundina no Espaço Cultural de João Pessoa criou uma verdadeira comoção entre os presentes. Ela voltava à Paraíba convidada pela mesma universidade que a havia expulsado, em 1971, cassada pela ditadura militar. Acompanhada por Eduardo Suplicy, recém-eleito vereador por São Paulo, atendeu ex-colegas e amigos e deu autógrafos para crianças e adultos que se apertavam ajoelhados diante da mesa da conferência e por todos os cantos do auditório lotado. Os pedidos de ajuda eram recebidos por sua irmã, Maria de Lourdes Carvalho de Sousa, que a acompanhava e guardava os bilhetes com as solicitações em sua bolsa: empregos, recursos para escolas e postos de saúde, ajuda para um amigo em dificuldade. Para Erundina, a vitória das esquerdas nas principais cidades do Sul e do Sudeste era a resposta que o povo dava à morte recente de três operários — homenageados por ela — num conflito de soldados do Exército e policiais militares contra metalúrgicos em greve na Companhia Siderúrgica Nacional (CSN), em Volta Redonda, Rio de Janeiro.

Erundina aproveitou a visita para anunciar Paulo Freire como secretário municipal de Educação, "uma homenagem ao povo do Nordeste" — Paulo foi o primeiro nome do primeiro escalão do governo municipal de São Paulo a ser anunciado. A prefeita seguiu viagem para Uiraúna, sua cidade natal. Lá, disse à imprensa que a escolha de Paulo Freire significava a reparação de duas injustiças: o exílio do educador e o esquecimento do seu método de alfabetização. Afirmou também que a presença de uma pessoa como Paulo em seu secretariado significava que daria prioridade à educação, e que a indicação dele havia tido o mais amplo consenso entre ela o PT. Erundina revelou que, ao chegar a São Paulo, em 1971, havia trabalhado no Mobral, a campanha de alfabetização implantada pelos militares, e constatado que o método, ineficiente de seu ponto de vista, não promovia a alfabetização efetiva dos alunos. Contrapôs essa experiência com a que havia vivido no final dos anos 1960, quando aplicou o Método Paulo Freire com camponeses na zona rural da Paraíba, elogiando a sua filosofia e compromisso político. A admiração que a prefeita tinha pelo educador era antiga: em 1986, quando vereadora pela cidade de São Paulo, propôs o título de cidadão paulistano ao educador, aprovado pela Câmara Municipal.

Enquanto Erundina falava de Paulo Freire em sua viagem pelo Nordeste, o educador recebia, em 22 de novembro de 1988, o título de doutor honoris causa pela PUC de São Paulo. Era seu quinto título brasileiro — já havia recebido a mesma indicação pela Universidade Federal de Goiás, PUC-Campinas, Unicamp e Universidade Federal de Santa Maria, titulações que naquele momento se somavam às sete já concedidas por universidades de várias partes do mundo.

Os 35 diretórios municipais do PT em São Paulo e vários movimentos sociais e sindicais estavam em disputa aberta pela indicação de nomes para compor o secretariado. No entanto, conforme Erundina anunciara na Paraíba, o que seria reafirmado à imprensa pelo vice-prefeito Luiz Eduardo Greenhalgh, a indicação de Paulo Freire como secretário de Educação fora aceita por unanimidade dentro e fora do partido. Antes mesmo do convite oficial, Paulo já havia lidado com indícios de que poderia ser chamado para a secretaria de Educação; o mais evidente deles foi a visita do educador Pedro Pontual à sua casa para conversar sobre a importância de uma ação de alfabetização no município, e o telefone tocou. Era um repórter da *Folha de S.Paulo* querendo saber sobre o anúncio feito por Erundina em sua viagem ao Nordeste. Paulo tomou um susto e pediu para Pontual dizer ao jornalista que ele estava dormindo. O educador discutia com os amigos e, em especial, com Nita sobre o que dizer quando o convite se tornasse oficial. Sabia que não poderia recusar um desafio daquela magnitude — implantar em uma cidade como São Paulo tudo o que pensava, falava e escrevia em uma vida inteira dedicada à educação. As dificuldades seriam enormes, mas Paulo se sentia pressionado pela sua consciência a aceitar o compromisso.

 Paulo gostava de desafios, mas havia outras questões importantes a considerar: os convites para visitar universidades e projetos sociais em todo o mundo ainda eram muito frequentes. Paulo adorava a oportunidade de ter novas experiências e de dialogar com profissionais de contextos diferentes. Também estava recém-casado e não queria que o tempo junto a Nita se escasseasse — as responsabilidades e os compromissos de um secretário de Educação certamente impactariam muito sua convivência com a esposa.

 À espera de um contato oficial, Paulo colocava todos esses fatores na balança. No dia 29 de novembro de 1988, Nita atendeu uma ligação feita de João Pessoa, em nome de Luiza Erundina. Como Paulo estava na Unicamp, Nita pediu para que voltassem a ligar mais tarde. Não havia mais como postergar: era hora de tomar uma decisão. Paulo falou com a prefeita ainda em Campinas, quando se preparava para se encontrar com uma turma da pós-graduação. Erundina se desculpou por ter se adiantado na informação à imprensa e pediu consentimento para anunciar o seu nome oficialmente. Paulo aceitou o convite e, ao entrar na sala de aula, os alunos, que acabavam de saber de sua decisão, o receberam com uma salva de palmas.

Na volta a São Paulo, foi até Nita para contar, com entusiasmo de menino, que havia aceitado o convite. Em seguida, encaminhou-se ao Vereda para uma reunião com um grupo de colaboradores mais próximos, convidados por ele para discutir o novo desafio e pensar na futura equipe de trabalho. Frente à insistência da imprensa, informou que não daria declarações por uma semana, período em que estaria recolhido para preparar sua gestão como secretário.

Paulo se filiou ao Partido dos Trabalhadores. Nunca se ligara oficialmente a qualquer outro partido político. Quando estava no Chile, muitos o criticaram por não ter uma identidade partidária ou por não ter dado o devido valor aos partidos políticos em seus escritos. Paulo considerou o PT um partido singular por ter se originado de baixo para cima, com forte presença de setores populares organizados, intelectuais e de grupos progressistas vinculados às igrejas. O fato de ter participado da fundação do partido, pensava Paulo, aumentava a sua responsabilidade em atuar como secretário de Educação da primeira gestão petista na cidade de São Paulo. Voltaria, assim, a trabalhar no setor executivo 25 anos depois de ter sido banido do então Ministério da Educação e Cultura pelo golpe militar.

Em 6 de dezembro de 1988, Paulo Freire finalmente se encontrou com a prefeita Luiza Erundina para agradecer o convite. Diante dos jornalistas, se esquivou de falar sobre seus planos, de forma curta: "Não sou iluminado!".

Erundina tratava de construir alianças para governar, dialogando com os diversos setores da sociedade, incluindo aqueles que a viam com desconfiança, como o empresariado e grupos conservadores. Em uma dessas reuniões iniciais, na Federação do Comércio, afirmou: "São Paulo terá necessariamente de aprender a conviver com uma administração petista, chefiada por uma mulher que não teme escolher o nome do professor Paulo Freire, tão execrado no passado, para seu secretário da Educação".

No dia 8 de dezembro, os dois principais jornais de São Paulo — a *Folha de S.Paulo* e *O Estado de S. Paulo* — veicularam as primeiras entrevistas com o educador antes de ele assumir o cargo de secretário municipal de Educação. *O Estado* deu a manchete: "Freire assume o seu maior desafio"; acompanhando uma foto em destaque, a seguinte legenda: "Paulo Freire: o primeiro cargo público de sua vida". O tradicional jornal conservador se esquecia da história pregressa de Paulo, que antes do exílio integrou o governo Jango para implantar um programa nacional de alfabetização. No mesmo dia, o jornal também publicou um texto intitulado "Educadores divergem na metodologia" — entre os entrevistados estava Guiomar Namo de Mello, secretária de Educação de Mário Covas, prefeito entre 1983 e 1985, que discordava das ideias de Paulo Freire. Guiomar criticava o educador por associar o processo de escolarização à conscientização política, o que, segundo ela, deveria ser construída por partidos, sindicatos, movimentos sociais e igrejas, e não pela escola. "Se a escola ensinar corretamente História do Brasil, o aluno terá condições de tomar posições políticas em função do conhecimento da realidade", argumentou. O texto ainda deu voz a outro ex-secretário de Educação, Paulo Nathanael Pereira de Souza, do governo conservador de Figueiredo Ferraz, prefeito de São Paulo entre 1971 e 1973, que foi taxativo em sua crítica: "Sou um liberal por formação e tradição, enquanto Paulo Freire é marxista". Nenhum educador favorável à sua gestão foi chamado a opinar. Já a *Folha de S.Paulo* destacaria: "Freire ameaça 'brigar' com professores que corrijam alunos". Dizia o texto de abertura da entrevista de página inteira com Paulo:

"A gente cheguemos" não será uma construção gramatical errada na gestão do Partido dos Trabalhadores em São Paulo. Essa pelo menos é a vontade do futuro secretário da Educação do município, Paulo Régis [sic] Freire, 67. Ele prometeu "brigar" contra todos os que desejem pôr "um traço vermelho" em evidentes erros de concordância verbal como o contido na frase "a gente cheguemos". [...] Toda a vivência de Freire na área de educação, no entanto, não se expressa em um programa acabado para a secretaria. Ele prefere falar em "metas", ainda vagas do ponto de vista concreto. Gosta dos Cieps — Centros Integrados de Educação Pública, escolas de tempo integral implantadas pelo governador Lionel Brizola no Rio de Janeiro, mas não sabe se vai ter condições de implantá-las. Acha que a quantidade de vagas não se contrapõe à qualidade do ensino, mas ainda pretende discutir "com todos" como viabilizar uma e outra. Considera-se, enfim "um sonhador". [...] Seus devaneios, no entanto, lidarão com o quarto maior orçamento da prefeitura — 209 milhões de dólares.

As primeiras matérias sobre os planos para a sua gestão já mostravam que a vida de Paulo como secretário municipal de Educação não seria fácil. Acostumado a elogios e a receber prêmios pelo mundo, seu novo desafio indicava que agora enfrentaria oposição não apenas de seus adversários políticos, mas também de grande parte da imprensa, que não via com bons olhos nem a ele nem ao Partido dos Trabalhadores.

Antes de assumir o cargo, esteve na posse do novo diretor da Faculdade de Educação da USP, o professor Celso de Rui Beisiegel, e saiu de lá com a promessa de que a Faculdade ajudaria a administração petista. Nos primeiros meses da sua gestão, Paulo mobilizou um conjunto significativo de pessoas para definir o seu plano de trabalho. Convidou intelectuais da Unicamp e da PUC de São Paulo para apoiá-lo na definição das linhas mestras de sua gestão e na formação dos professores. Antes de sua implantação, os resultados dessa assessoria, que conseguira sem custos para a municipalidade, seriam amplamente debatidos pelos profissionais da rede pública de ensino e pela comunidade de alunos e familiares. Serviram também para o desenvolvimento de um programa de formação permanente de professores e outros funcionários da rede municipal de educação, em parceria com universidades.

Paulo foi empossado no dia 1º de janeiro de 1989, junto aos demais secretários, na sede do gabinete da prefeita, à época localizado dentro do Parque do Ibirapuera. No dia seguinte, em uma cerimônia na Secretaria Municipal da Educação, na Avenida Paulista, discursou de improviso para os presentes, majoritariamente funcionários públicos e assessores:

> Chegamos aqui não como quem assalta, como quem se apodera de algum espaço, de alguma coisa, não como quem se julga cheio de saber e que messianicamente, guiado por este saber, vai salvar o que a gente, a priori, considere perdido, não. Nós chegamos aqui e estamos chegando aqui, nesta casa, para humildemente cumprir com o gosto de um dever que nos fascina, um dever de educadores e, por isso, de políticos, com uma certa opção, é claro, porque não há educador neutro, porque não há educação neutra.

Reafirmou que o seu papel de educador à frente da Secretaria de Educação teria uma missão política e não apenas técnica, o esperado pelos liberais. Reivindicou seu direito de sonhar, citando o guineense Amílcar Cabral, que tanto havia lido e estudado em seu período de trabalho na África: "Ai das revoluções que não sonham, porque estas estão fadadas a não fazer-se". Contou que um dos seus sonhos era fazer da secretaria um espaço de reflexão crítica e pedagógica, não apenas uma instância burocrática. Para tanto, convocou seus funcionários a saírem dos seus gabinetes e visitarem as escolas para tomar contato com a realidade; pregou a descentralização e a autonomia de cada unidade escolar, tanto para resolver problemas de ordem concreta quanto para se transformar em centros de reflexão. Insistiu na participação das famílias dos alunos. Falou sobre a formação de educadores, convocando-os a pensar suas práticas, discuti-las entre seus pares, compartilhar obstáculos e soluções. Em linhas gerais, era o que pretendia fazer.

Como as declarações sobre não permitir que os professores corrigissem os alunos haviam tido uma repercussão ruim, dada a pouca contextualização de seu pensamento na reportagem, Paulo aproveitou o momento da posse para responder às críticas:

> Eu gostaria de dizer aqui, a este mundo interno da secretaria, que não se preocupem porque eu não vou passar carão em professora nenhuma porque corrige. Eu nunca disse isso e até tenho razões filosóficas, epistemológicas muito sérias para não dizer uma coisa dessas. Mas é preciso também saber corrigir, há também uma pedagogia da correção, vamos saber o que corrigir, como corrigir, para que corrigir.

E completou: "O que eu disse há muito tempo neste país e fora dele é que não é possível entender a linguagem das pessoas sem o corte de classe social, e a existência das classes sociais não é uma invenção diabólica de Marx, quanto mais de Erundina". Há um tipo de comportamento para cada classe social, alertou, e por isso os professores não podem impor um padrão que é o da própria classe aos alunos, negando a cultura, a linguagem e o comportamento popular. "Vou me empenhar, vou fazer de tudo para convencer as professoras de que essa coisa de estrutura de pensamento existe, para que então não continuemos a dar traços vermelhos nos trabalhinhos das crianças quando elas dizem 'a gente fomos'." No entanto, afirmou com veemência que, ao mesmo tempo, "os alunos das classes populares têm o direito de aprender o chamado 'padrão culto' da classe dominante". Paulo apresentou-se de forma simples, falando manso, mas de maneira incisiva, seguro quanto ao seu papel como secretário municipal de Educação e passando segurança aos presentes. Foi aplaudido.

Em 1988, a Secretaria Municipal de Educação mantinha 629 escolas, com 720 mil alunos, 39 614 professores e funcionários escolares, 30% do total de trabalhadores da prefeitura. O desafio era enorme para a segunda maior cidade da América Latina e uma das cinco maiores metrópoles do mundo, então com 9,6 milhões de habitantes e a vergonhosa cifra de 1,2 milhão de pessoas acima de catorze anos analfabetas.

Paulo costumava chegar bem-disposto aos encontros matinais com sua equipe da secretaria. Mostrava-se preocupado com os aspectos mais gerais da política educacional, ao mesmo tempo que cuidava do cotidiano da Secretaria. Procurava saber, com detalhes, o andamento de cada programa. Entusiasmava-se com cada pequeno avanço e estimulava o grupo, desafiando continuamente a equipe com novos projetos. Interessava-se, sobretudo, pelas ideias trazidas por companheiros de trabalho que iam a campo. Dividia o poder sem abrir mão da sua autoridade.

A estrutura da secretaria era centralizada, hierarquizada e burocratizada — tudo o que ia de encontro a seu modo de pensar uma gestão pública. Desde o início Paulo percebeu que defrontaria esse problema no seu cotidiano. Nos primeiros dias de mandato, causou mal-estar a quantidade imensa de documentos que chegava à sua mesa de trabalho para serem apreciados e assinados. Um dos primeiros que leu era um pedido de abono de uma falta, feito por uma professora que não havia ido ao trabalho meses antes por motivo de saúde. A solicitação já tinha percorrido vários setores da Secretaria até chegar às suas mãos. Paulo pensou que era preciso acabar com tamanha burocracia.

Marcada desde o primeiro dia por um empenho em descentralizar o poder e diminuir a burocracia, a gestão de Paulo logo preparou uma portaria desengavetando a proposta de criação dos Conselhos de Escolas, que já havia sido encaminhada nos últimos dias do mandato do prefeito Mário Covas e arquivada por seu sucessor, Jânio Quadros. Retomados de fato na administração de Erundina, os conselhos, de natureza deliberativa, seriam implantados em todas as escolas, com a participação de alunos, pais, professores, outros funcionários, enfim, de toda a comunidade escolar. Era a primeira instância do processo de descentralização e divisão de poder, um chamado à participação da sociedade na construção cotidiana da escola.

Em outra medida de impacto político, corrigiu o que a seu ver era uma injustiça, ocorrida no último ano da gestão anterior: reintegrou 1230 funcionários que haviam sido demitidos em função de uma greve por melhores condições de trabalho.

Inconformado com o nome "Delegacia de Ensino" dado à instância intermediária entre os órgãos centrais e as escolas, Paulo o substituiu por "Núcleo de Ação Educativa" (NAE), que considerou mais adequado ao que deveria ser o papel da entidade na nova gestão: menos controle, mais apoio. Sob liderança de subsecretários, em mais um passo na descentralização administrativa, entre cinquenta e sessenta escolas foram vinculadas a cada núcleo. Paulo logo se viu pressionado por seu partido a adotar indicações para os cargos comissionados, o que lhe causou certo desconforto. Sabia que qualquer processo de compartilhamento de poder deveria ser feito entre pessoas de sua confiança, e nem ele nem os membros mais próximos de sua equipe conheciam muitos dos indicados. Também percebeu que, apesar das mudanças implantadas, o processo de descentralização esbarrava nas resistências naturais de uma estrutura tradicionalmente vertical, o que causava insegurança e mal-estar em alguns funcionários da rede municipal de ensino.

O processo de democratização do poder nos diversos níveis da Secretaria de Educação, aliado ao aumento da participação popular, deveria ser acompanhado por um processo de democratização dos conteúdos a serem trabalhados em sala de aula. Assim, a equipe de Paulo propôs que cada escola definisse e apresentasse um projeto particular, tendo como ponto de partida uma temática vivenciada pela população local. O tema escolhido seria trabalhado ao mesmo tempo em todas as disciplinas. A ideia causou muitas polêmicas. A Diretoria de Orientação Técnica propôs em assembleia que o plano fosse implantado em dez do total de escolas do município, uma de cada NAE, e que outras dez instituições de ensino observassem atentamente os resultados das primeiras. A proposta instaurou um clima de insegurança entre alguns professores, pois teriam que trabalhar de maneira diferente da que estavam acostumados e deixar de lado materiais que já estavam prontos para elaborar novos. O processo caminhou lentamente. Depois de cerca de três meses, às dez escolas escolhidas para a aplicação da proposta e às dez escolas observadoras somaram-se outras vinte. As resistências continuavam. A equipe não esmoreceu — Paulo e seus colegas de trabalho sabiam que mudar estruturas e modos de pensar cristalizados exigia muito esforço. Sabiam também que a adesão não viria por imposição, mas sim com muito diálogo e uma permanente postura democrática. Confiavam que muitos professores veriam na proposta a possibilidade de realizar suas ideias e criar novos processos educativos.

No primeiro semestre do seu mandato, Paulo concedeu muitas entrevistas sobre seus objetivos à frente da Secretaria de Educação. Respondeu também às críticas às suas ideias e ao seu plano de gestão — falar com a imprensa era para ele uma forma de discutir com a sociedade o que estava fazendo como secretário. Costumava declarar que seu objetivo principal era mudar a "cara da escola" e que para isso era necessário a participação de todos os envolvidos no sistema educacional, não só o secretário, mas professores, funcionários, alunos, pais: "'Núcleo de Ação Educativa'. As escolas e as equipes que trabalham nas diferentes instâncias da Secretaria Municipal da Educação precisam conhecer essas necessidades e expectativas e considerá-las no processo que deve levar à mudança da escola".

Quando questionado sobre o que faria para diminuir a evasão escolar e melhorar o desempenho das crianças, Paulo disse, indignado: "Eu gostaria de recusar o conceito de evasão, as crianças populares brasileiras são expulsas da escola, é a estrutura mesma da sociedade que cria uma série de impasses e de dificuldades". Para ele, o padrão de exclusão social do país era profundamente injusto e antidemocrático, estigmatizando e desrespeitando a cultura e o modo de ser da criança nascida em setores desfavorecidos, produzindo nela um sentimento de incapacidade do qual era difícil se libertar. As crianças não saíam da escola por vontade própria, eram excluídas pela forma como a escola as tratava.

Outra forma que Paulo encontrou para divulgar o que vinha fazendo era escrever cartas dirigidas aos professores e aos funcionários da rede de ensino. Na primeira dessas cartas, logo depois da sua posse, falou sobre um problema que o incomodava, as condições físicas das escolas municipais: "Faltam mais de 30 mil conjuntos de cadeiras para os alunos e mesas para os professores; a conservação dos prédios é muito deficiente". Tratou também do fato de 40% dos professores exercerem suas funções ao mesmo tempo que trabalhavam para outros órgãos. "Nessas condições, é muito difícil realizar uma escola que encare o ato de ensinar e de aprender como um ato prazeroso". Com a mensagem, Paulo queria informar a toda a rede de ensino, com transparência, a situação real encontrada ao tomar posse e os caminhos possíveis de mudança para atingir o objetivo de dar uma nova cara paras as escolas, cujos traços principais fossem a alegria, a seriedade na apropriação e recriação dos conhecimentos, a solidariedade de classe, a amorosidade, a curiosidade. "Não vamos impor ideias, teorias ou métodos, mas vamos lutar, pacientemente impacientes, por uma educação como prática para a liberdade. Nós acreditamos na liberdade. Queremos bem a ela." Reafirmava as novas diretrizes à comunidade escolar: democratização da gestão; melhoria no acesso e permanência dos alunos; avanço na qualidade da educação, obtida por meio de um novo currículo e formação de professores; e educação também para jovens e adultos. Concluiu a carta em tom político, dizendo que a escola não poderia transformar sozinha a sociedade, mas que ela teria sim "um papel no conjunto das forças que a estão transformando, como o partido, o sindicato, na crítica à ordem capitalista existente e na formação da consciência socialista".

 A equipe da Secretaria de Educação, assim como outros profissionais indicados por Erundina, assumiu a gestão com pouca ou nenhuma experiência administrativa — o PT nunca havia participado do poder executivo na cidade. Havia inúmeras dificuldades herdadas da gestão anterior, do prefeito Jânio Quadros, como escolas sem condições de funcionamento e um enorme déficit de vagas. Muitas informações de processos administrativos da prefeitura de Jânio tinham sido apagadas deliberadamente, de modo a encobrir a evolução de seu mandato, no qual não foi concedido qualquer reajuste salarial para professores e funcionários da Secretaria de Educação. Em seu último mês no cargo, Jânio enviou à Câmara Municipal uma proposta de aumento de 100% para esses servidores, o que criou um enorme desgaste na negociação com os sindicatos, já que o orçamento não comportava uma concessão daquela magnitude.

Antes mesmo do final do primeiro ano de Paulo Freire à frente da Secretaria, as primeiras críticas internas começaram a surgir: ruídos e comentários negativos de assessores, funcionários e membros do Partido dos Trabalhadores passaram a fazer parte do cotidiano da pasta. A imprensa repercutia tudo para polemizar, criando tamanho mal-estar que levou Paulo a repensar a sua permanência no posto. Numa carta enviada em março de 1990, depois de catorze meses de mandato, Paulo desabafou com um amigo:

> Sua carta me apanha quando eu estive, durante mais de quinze dias, intensamente criticado pela e através da imprensa. Os críticos me tratam de uma maneira que muitas vezes eu me pergunto a mim mesmo se faz sentido continuar a despender o último tempo de minha vida sendo acusado de fazer o que eu não fiz.

Em meados de 1990, um ano e meio depois da sua posse, três funcionários em cargos de confiança foram demitidos. Um deles, o vice-presidente da Afuse — Sindicato dos Funcionários e Servidores da Educação do Estado de São Paulo, Benedito Testa, encaminharia ao Diretório Municipal do Partido dos Trabalhadores um documento interno criticando a gestão do secretário, afirmando que os resultados eram escassos, que a equipe de governo e seus principais assessores não tinham vivência no serviço público e que as escolas continuavam mal equipadas e sem segurança. Afirmava ainda que o projeto pedagógico não correspondia às expectativas da rede municipal de ensino. Outro assessor demitido, Fidelcino Rodrigues de Oliveira, enviou uma carta ao jornal *O Estado de S. Paulo*, na qual criticava o projeto pedagógico interdisciplinar pensado por Paulo. "Esta proposta é muito complexa, embrionária, e há falta de educadores na secretaria em condições de realizar este projeto. O sentimento dos professores, especialistas e funcionários é de abandono e decepção", escreveria.

Paulo recebeu apoio unânime do Diretório Municipal do Partido dos Trabalhadores, mas a saída ruidosa dos funcionários o incomodou muito e alimentou seu desejo de deixar a Secretaria. Abalado com as críticas, saudoso de seu trabalho intelectual e decidido a passar mais tempo em casa com Nita, Paulo pediu demissão a Erundina. Os jornais logo repercutiram a decisão. A *Folha de S.Paulo*, em 21 de junho de 1990, publicou que Paulo Freire estava de saída alegando motivos pessoais. No entanto, a reportagem afirmava que a verdadeira razão eram as críticas que o secretário vinha recebendo do Diretório Municipal do PT. Assinado por Ana Lucia Busch, o texto frisava que, passado um ano e meio de sua gestão, Paulo Freire ainda não havia imprimido uma marca pessoal — não havia implantado a sua pedagogia, nem mesmo o método de alfabetização aplicado levava o seu nome.

Paulo recebeu apoio tanto da prefeita, que o queria no cargo até o final do seu mandato, quanto de outros membros da administração, que se mobilizaram para tentar demovê-lo da ideia de deixar a Secretaria de Educação. Erundina chegou a convidar Nita para um almoço na sede da prefeitura, para pedir que ela a ajudasse a convencer Paulo a ficar no cargo.

A pressão funcionou. No dia 24 de julho de 1990, Paulo atendeu um pedido de entrevista do jornal *O Estado de S. Paulo*.

Aproveitou o espaço para relatar por que voltara atrás em sua demissão. Explicou que, diante das manifestações que havia recebido de vários setores para que permanecesse à frente da Secretaria, tinha mudado de ideia. Sua vontade de sair havia sido motivada, segundo relatou ao repórter, por uma questão ética: "Não pude resistir às críticas, não apenas de funcionários que estão nomeados em caráter de confiança, mas também de militantes de meu partido". Segundo ele, havia chegado às suas mãos textos que o chamavam de nazifascista, incompetente, e que diziam que a sua maior virtude era contar histórias engraçadas do exílio. Afirmou discordar da ambiguidade de alguns que não o viam mais como um companheiro por ter assumido um posto de autoridade, e o criticavam por isso. Paulo creditou o descontentamento com sua gestão a uma portaria que havia assinado logo que assumira o cargo, na qual chamou de volta a seus postos na Secretaria cerca de 2500 funcionários, antes locados em outros setores ou em períodos de licença. Segundo Paulo, a medida teria esbarrado em interesses pessoais e de outras áreas que não a da educação. Provocado pelo repórter sobre as acusações dos sindicatos — de que ele não participava diretamente de negociações salariais, delegando essa função para outras pessoas —, respondeu que o dever era da Secretaria, não diretamente do secretário, mas que acompanhava tudo de perto. Ao final, Paulo foi ambíguo quando perguntado sobre seu futuro. Afirmou que seguiria no cargo, mas que não podia afirmar se permaneceria no posto até o fim do mandato de Luiza Erundina.

Apesar das críticas, Paulo seguiu firme na defesa dos princípios de sua gestão e do mandato da prefeita. Ele estava presente e exercia sua liderança, como no caso das denúncias sobre as condições físicas da rede ou da discussão do modelo de concurso público para efetivação dos funcionários, adequando-o ao tipo de trabalho que cada um exerce. Permanecia atento às negociações salariais e, principalmente, à orientação política e pedagógica da Secretaria.

Certa vez, recebeu representantes do Banco Mundial que vieram oferecer recursos para a rede municipal de ensino, condicionando o financiamento à aplicação de um modelo de educação infantil que promoveria a privatização dos serviços oferecidos, em completa contrariedade com as orientações da Secretaria. Paulo questionou se os recursos seriam uma doação ou um empréstimo; os representantes do Banco Mundial responderam que se tratava de empréstimo, mas em ótimas condições de financiamento. Frente à resposta, o educador argumentou: "Quando vocês vão a um banco solicitar um empréstimo, eles dizem onde vocês devem gastar o dinheiro? Eu só aceito se for para utilizar os recursos dentro dos objetivos da Secretaria". As condições de Paulo não foram aceitas e a oferta, retirada.

Em dezembro de 1990, foi realizado em São Paulo o 1º Congresso de Alfabetizandos, uma das ideias em que Paulo mais se envolveu emocionalmente. O encontro era organizado por dois programas implantados por sua gestão na Secretaria, o Programa de Educação de Adultos (EDA) e o Movimento de Alfabetização de Jovens e Adultos, o Mova, o último reconhecido por Paulo como a continuidade de seu trabalho frustrado pelo golpe militar. O Congresso contou ainda com a colaboração do Fórum de Movimentos Populares de Alfabetização da Cidade de São Paulo, constituído por 57 entidades conveniadas com a prefeitura.

Com a participação de cerca de 3 mil pessoas, o Congresso concretizou de forma radical a ideia de ouvir alunos e alunas em seu processo de aprendizagem, com relatos de seus desafios, esperanças, dificuldades e conquistas. Paulo observou em silêncio, atento às falas, saboreando um sonho que via se transformar em realidade: alfabetizar o povo da sua terra. Emocionou-se, em particular, com o depoimento de uma alagoana de mais ou menos cinquenta anos — a aluna narrou os percalços de sua ida para São Paulo e, orgulhosa de seu processo de escolarização, tomou a própria história como exemplo para incentivar os colegas a lutarem contra as amarras que os impediam de realizar seus sonhos. Apesar do sucesso do encontro, Paulo pediu novamente para deixar o cargo, confessando abertamente para sua equipe que gostaria muito de estar mais em casa. Mais uma vez cedeu aos apelos para ficar, mas foi por pouco tempo: em 27 de maio de 1991, 29 meses depois de assumir o cargo, o *Diário Oficial do Município de São Paulo* publicou o desligamento de Paulo Freire da Secretaria Municipal de Educação. Depois de duas tentativas motivadas pelos muitos desgastes enfrentados, Paulo finalmente conseguiu voltar para seus livros, palestras e viagens, e para Nita. Tinha então 69 anos de idade.

Um dia antes de sua saída oficial da Secretaria, o jornal *O Estado de S. Paulo* publicou a reportagem "Reprovado, Paulo Freire deixa a Educação". Assinado por Marcos Emílio Gomes, o texto procurava estabelecer a distância entre a euforia no momento da escolha do secretário e a avaliação de seu desempenho. Com declarações de Nilza Fernandes de Oliveira Santos, mãe de dois alunos da rede, e do presidente do Sindicato dos Professores e Especialistas do Ensino Municipal, Claudio Gomes Fonseca, o texto dizia que Paulo não havia cumprido o objetivo de se aproximar de alunos e de professores. "Com suas viagens e seu desinteresse pelos debates, ele não cumpriu as promessas, [...] além de não usar seu prestígio para tentar resolver antigos problemas que vão continuar depois de sua saída", diz a reportagem. Durante seu período no cargo, Paulo teria viajado nove vezes ao exterior, em um total de 102 dias de ausência do posto. Retratando um funcionário descomprometido com o seu trabalho, o texto de Marcos Emílio Gomes afirmava que Paulo havia abandonado uma reunião para ir ao cinema com a esposa, assim como havia deixado centenas de pessoas esperando por ele em duas palestras — ele simplesmente não estaria com vontade de falar. Algumas das informações veiculadas na matéria foram contestadas posteriormente por assistentes de Paulo.

Seu posto foi ocupado por Mario Sergio Cortella, também professor da PUC. Cortella havia sido convidado em 1989 por Paulo para ser seu assessor especial, substituindo Moacir Gadotti na chefia de gabinete em fevereiro de 1990. Ao assumir a Secretaria, Cortella procurou manter a mesma equipe, com pequenos ajustes, para dar continuidade ao trabalho desenvolvido por Paulo Freire. Reafirmou a implantação do projeto de interdisciplinaridade, que já funcionava, naquele momento, em cem escolas, apesar de todas as polêmicas.

Mesmo sem a presença de Paulo, a gestão da Secretaria de Educação da prefeitura de Erundina encerrou seu período de quatro anos realizando parte das premissas indicadas pelo educador, que inovaram a forma de gerir a escola pública. Os Conselhos Escolares se tornaram realidade, assim como a implantação dos Grêmios Estudantis. Houve maior participação da comunidade e as escolas foram ocupadas em atividades nos fins de semana, o que aumentou a noção de pertencimento da escola pública aos alunos e a suas famílias. A interdisciplinaridade foi promovida em grande parte das escolas, assim como o atendimento noturno para jovens e adultos, as hortas escolares e a educação sexual, entre outras atividades pedagógicas. Os professores e funcionários tiveram mais oportunidades de participar de um programa de educação permanente. Pouco antes de sua saída e depois de anos de debates, Paulo conseguiu a aprovação do texto inicial do Estatuto do Magistério, projeto de lei que estabelecia um regimento comum para cada instituição da rede de ensino:

A Escola Municipal é pública, gratuita, laica, direito da população e dever do poder público e estará a serviço das necessidades e características de desenvolvimento e aprendizagem dos educandos, independentemente de sexo, raça, cor, situação socioeconômica, credo religioso e político e quaisquer preconceitos e discriminações. [...]
A Educação Pública e Popular no município de São Paulo tem por objetivo a formação de uma consciência social, crítica, solidária e democrática, onde o educando, inclusive o que possui necessidades especiais, vá gradativamente se percebendo como agente do processo de construção do conhecimento e de transformação das relações entre os homens em sociedade, através da ampliação e recriação de suas experiências, da sua articulação com o saber organizado e da relação da teoria com a prática, respeitando-se as especificidades das seguintes modalidades de ensino: [...]
A gestão da Escola será desenvolvida de modo coletivo, sendo o Conselho de Escola a instância de elaboração, deliberação, acompanhamento e avaliação do planejamento e do funcionamento da Unidade Escolar.

Paulo havia deixado a Secretaria Municipal de Educação, mas a sua orientação permaneceu nas suas políticas, na legislação que as sustentavam, nas práticas dos educadores e dos alunos. Em sua carta de despedida aos funcionários, professores e alunos, de 27 de maio de 1991, Paulo Freire escreveu:

> Quando assumi a Secretaria Municipal de Educação de São Paulo, minha equipe e eu encontramos as escolas da cidade em estado de abandono. Nossa ação se orientou pelo compromisso de construir uma escola bonita, voltada para a formação social crítica e para uma sociedade democrática, escola essa que deve ser um espaço de educação popular e

não apenas o lugar de transmissão de alguns conhecimentos, cuja valorização se dá à revelia dos interesses populares; uma escola cuja boniteza se manifeste na possibilidade da formação do sujeito social. O compromisso com essa política nos trouxe tristezas também, os obstáculos a superar não foram pequenos nem desprezíveis [...], mas as alegrias também foram e são muitas. Hoje me afasto da Secretaria como Secretário, não como educador, seguro de que esta orientação político-pedagógica prosseguirá, não só porque minha equipe continua, mas porque a perspectiva, as diretrizes e as ações foram construídas em conjunto nos colegiados de gestão desta Secretaria e são, portanto, uma aquisição que expressa a vontade coletiva.

13.
"Minhas reuniões com Marx nunca me sugeriram que parasse de ter reuniões com Cristo"

Ao deixar o cargo de secretário de Educação da prefeitura de Luiza Erundina, mesmo acompanhando de perto a gestão de seu substituto, Mario Sergio Cortella, Paulo voltou aos seus escritos e viagens — havia tido que negar muitos convites diante das responsabilidades do cargo.

No período pós-Secretaria de Educação, retomou sua escrita autoral, depois dos anos dedicados aos "livros falados". Concentrou-se em desenvolver textos sobre a função da escola em decorrência de sua experiência como secretário. Publicou *Professora sim, tia não: Cartas a quem ousa ensinar*, em 1993, um conjunto de dez cartas voltadas aos docentes. Ainda no mesmo ano, publicou *Política e educação*, uma coletânea de textos diversos, político-pedagógicos, sobre os sistemas de ensino. E também *A educação na cidade*, publicado em 1991, com uma série de entrevistas realizadas durante sua passagem pela frente da Secretaria de Educação, tratando de suas principais orientações no primeiro ano do seu mandato.

Escreveu ainda outros livros, não diretamente ligados à sua experiência no setor público. Em *Pedagogia da esperança: Um reencontro com a Pedagogia do oprimido*, lançado em 1992, Paulo retoma o processo de construção do seu livro mais conhecido internacionalmente. Expõe fatores que o influenciaram, debate, já com o distanciamento do tempo, ideias desenvolvidas na obra, responde críticas, analisa sua repercussão e procura situar o conteúdo no contexto histórico em que foi produzido.

Pensado inicialmente para ser um apêndice a uma nova edição de *Pedagogia do oprimido*, o texto ganhou corpo e densidade e, ao final, Paulo acabou decidindo publicá-lo com um novo título. Publicou também, em 1994, um livro de memórias, *Cartas a Cristina: Reflexões sobre minha vida e minha práxis*, no qual procura responder à sobrinha quem era o tio famoso. No livro *À sombra desta mangueira*, de 1995, trata de temas diversos como economia, dinâmicas tecnológicas e seu impacto na educação, além das injustiças presentes no modelo de desenvolvimento adotado no Brasil e o papel da educação na transformação do mundo. Paulo entrava cada vez mais nos temas da conjuntura nacional.

Em abril de 1997, lançou seu último livro em vida, *Pedagogia da autonomia: Saberes necessários à prática educativa*, também voltado aos professores. A seu pedido, a Paz e Terra, sua editora, publicaria o texto em formato pequeno e barato, para ser vendido a um preço acessível aos docentes.

A edição de seus livros passou a contar com a participação de Nita. Em três dos sete livros lançados depois do casamento, ela elaborou notas sobre trechos que mereciam uma explicação ou comentário pontual — *Pedagogia da esperança*, *Cartas a Cristina* e *À sombra desta mangueira*. Neste último, afirmou na introdução do conjunto de notas sobre o privilégio em compartilhar um livro com o seu marido e a seu convite.

Nita também acompanhava Paulo em viagens e cuidava da sua agenda de trabalho. Nos anos em que viveram juntos, foram a praticamente todos os estados brasileiros. Para o exterior, viajaram para a América do Sul (Argentina, Uruguai, Colômbia), América Central e Caribe (El Salvador e Jamaica), Europa (França, Itália, Suíça, Bélgica, Inglaterra, Escócia, Suécia, República Tcheca, Áustria, Portugal, Espanha, Alemanha), Japão e Estados Unidos.

Em entrevista em janeiro de 1993 ao Museu da Pessoa, em São Paulo, Paulo comentou que, nos 42 anos em que viveu ao lado de Elza, sempre tivera nela o apoio e a força necessários, "provocando-o mesmo no seu silêncio". No entanto, não puderam viajar tanto quanto no período de seu relacionamento com Nita, pois "tinham filhos pequenos para cuidar e uma casa com responsabilidades". A verdade é que Nita viria a ocupar um espaço diferente do de Elza na vida de Paulo, com um protagonismo explícito; além dos convites e da agenda do marido, Nita também cuidava de seus livros, das visitas que o casal recebia, das viagens a trabalho e a lazer. Elza havia sido "a raiz" da família enquanto Paulo "voava", segundo Madalena, sua filha mais velha. Era mais recuada frente à imagem pública do seu marido, o que não significava ser pouco influente: Paulo sempre a consultava sobre tudo o que fazia.

Nessa mesma conversa, comentou mais uma vez sobre o seu casamento com Nita, ponderando que talvez as pessoas não compreendessem que ele pudesse voltar a amar depois de tanto tempo vivendo com Elza. Como a experiência com a primeira esposa havia sido tão plena, Paulo sentia que tinha que continuar amando, senão deixaria de amar a vida e passaria a amar a morte — "Eu não podia ficar dentro de casa morrendo", frisou. Na medida em que se apaziguou com a ausência de Elza, ela deixou de ser uma falta dramática e dolorosa para ser uma presença que o lembrava de coisas positivas do passado. Disse não ter sido fácil enfrentar as críticas que recebeu por decidir se relacionar com Nita: "Eu respeito muito a posição dos outros, mas aí a decisão era minha e dela e nenhum filho meu tinha o direito de interferir nisso; obviamente que comuniquei a eles, não pedi licença, mas tinha o dever de comunicar. Creio que eles devem ter se chocado, uns mais do que os outros, era natural, e cada um a seu jeito vem superando a surpresa e percebendo que era melhor o pai vivo, surpreendendo-os, do que o pai morto".

Em agosto de 1995, quando esteve em Paris a trabalho pela Unesco, Paulo teve uma isquemia cerebral. Depois de liberado do atendimento de emergência, Paulo foi até a Suíça para ficar com os filhos Cristina e Joaquim, que moravam no país, à espera de Nita, que viajaria do Brasil para encontrá-los. Depois de duas semanas em recuperação, o casal voltou a São Paulo.

Paulo já havia enfrentado outras internações hospitalares em consequência dos anos em que fumou em média três maços de cigarro por dia. Mesmo tendo largado o vício dezessete anos antes, a conta chegara: além da isquemia que havia sofrido em Paris, um de seus rins funcionava mal, tinha cardiopatia e pressão alta. Sua condição de saúde passou a exigir cuidados especiais, com o uso regular de medicação e a necessidade de mudança de hábitos. No entanto, Paulo fazia pouco exercício físico e sua constituição corporal era frágil. Também nunca se preocupou em fazer mudanças em seu regime alimentar; tinha prazer em comer bem e pesado — feijoada era prato de rotina —, apenas em situações extremas aceitava limitações.

Paulo, que sempre havia tido uma grande capacidade de trabalho, dormindo pouco e estendendo suas jornadas até tarde, com a idade avançada e as restrições de saúde precisou diminuir o ritmo. Permitiu-se passar mais tempo ouvindo música, principalmente clássica, como Villa-Lobos, Vivaldi e Mozart, seus compositores preferidos, e canções da MPB, cuidando dos passarinhos, de seus cachorros, dois pastores alemães, Angra e Jim. Reclamava que o corpo não acompanhava mais a cabeça. Gostava de assobiar e o fazia muito bem. Torcedor fanático do Santa Cruz, em Recife, e do Corinthians, em São Paulo, acompanhava partidas de futebol pela televisão. Sempre que possível, saía com Nita para jantar ou ir ao cinema, ao teatro ou a concertos, hábitos que se tornaram mais frequentes no segundo casamento. Tornou-se também mais cuidadoso ao se vestir e, a pedido da esposa, começou a manter o cabelo mais comprido.

Para conciliar as recomendações médicas com os convites para viagens de trabalho, Nita passou a exigir que ela o acompanhasse e que as passagens, dada a idade e as condições físicas do marido, fossem em primeira classe ou na executiva, o que inicialmente criou um constrangimento para Paulo, desacostumado a esse tipo de imposições. Sentia-se constrangido mesmo em relação aos valores cobrados por suas participações nos eventos. Em entrevista ao *Jornal os Professores*, concedida em dezembro de 1991, confessou: Nita "às vezes reclama que faço algumas coisas sem cobrar e eu até nunca disse isso a ela: no tempo em que eu, na verdade, precisei, eu cobrei e fui muito rigoroso nas cobranças, mas bastou não precisar muito que eu já reduzi o rigor. Eu sou um pouco gratuito e não me arrependo".

No dia 1º de maio de 1997, Paulo deu entrada no Hospital Albert Einstein em São Paulo para fazer uma angioplastia, procedimento de desobstrução da artéria coronária. Uma semana antes, havia sentido fortes dores no peito e, ao se consultar com o dr. Jorge Mattar, médico que o atendia desde 1993, foi encaminhado ao Hospital Sírio-Libanês para uma bateria de exames. Paulo foi diagnosticado com uma angina grave, que lhe causava dores no peito. Quando a situação se estabilizou, foi liberado para voltar para casa com recomendações explícitas de cuidados médicos e mudanças no seu modo de vida. Como logo voltaria a sentir dores fortes, não conseguiu escapar da intervenção cirúrgica.

Realizada na manhã do dia 1º no Einstein, a angioplastia foi considerada um sucesso, para o alívio de Nita e dos filhos. Paulo voltou ao quarto depois de passar normalmente pela sala de recuperação, se alimentou na companhia da esposa e descansou. Às oito da noite, entretanto, sentiu-se muito mal e foi encaminhando para um procedimento cirúrgico de emergência. Os médicos o transfeririam para a UTI, mas ao longo da madrugada novos enfartes o levariam à morte no dia 2 de maio de 1997, às 6h53 da manhã.

A notícia do seu falecimento foi motivo de comoção no Brasil e no exterior, ganhou as páginas dos jornais e um grande espaço nos demais veículos de comunicação. Também causou consternação entre aqueles que o aguardavam para compromissos, depois de muito esforço para conseguir espaço em sua agenda. Uma atividade, em particular, era muito aguardada: retornaria a Cuba entre os dias 2 a 10 de maio para receber das mãos de Fidel Castro o título de doutor honoris causa pela Universidade de Havana. Seria a sua segunda visita ao país; na primeira, em 1987, dez anos antes, poucos meses depois do falecimento de Elza, ele era ainda muito pouco conhecido na ilha. Durante a passagem pelo país, concedeu uma entrevista à repórter Esther Peréz, da revista *Casa*, na qual confessou sua emoção em estar em um país em que nenhuma criança estava fora da escola e que ninguém passava fome, um país onde não havia ricos que oprimiam nem miséria que humilhava, como ocorria no Brasil. Apenas lamentou o fato de não poder estar lá com Elza, que tinha enorme admiração por aquele país, assim como ele.

Seu velório foi realizado no prédio da PUC, em São Paulo, onde a família recebeu as condolências e ocorreram as despedidas de autoridades, amigos, ex-alunos, professores e admiradores em geral.

Além de Nita e seus familiares, Paulo deixou filhos e netos do casamento com Elza: Maria Madalena, que residia e trabalhava como professora em São Paulo, e quatro filhas: Carolina, Helena, Marina e Cristina; Cristina, professora e ativista social no acolhimento de imigrantes, morava em Genebra, casada com Alberto Heiniger, sem filhos; Fátima, professora que também residia em São Paulo, três filhos e uma filha: Alexandre, André, Bruno e Sofia; Joaquim, violonista clássico e professor radicado em Clarens, na Suíça, casado com Suzane, que é violinista, sem filhos; e Lutgardes, cientista social que voltara do exílio com a família para São Paulo, casado com Zélia e pai de Laís, única neta que Paulo não chegou a conhecer. Os filhos Joaquim e Cristina chegariam da Suíça um dia depois do sepultamento, realizado no cemitério protestante Horto da Paz, junto ao corpo de sua primeira mulher.

Paulo seria agraciado em vida com 34 títulos de doutor honoris causa por diversas universidades no Brasil e no exterior, mais cinco in memoriam, entregues postumamente a Nita, e outros nove que não puderam ser recebidos pessoalmente. Instituições de ensino de várias partes do mundo o convidaram para tê-lo no corpo docente. Foi presidente honorário de pelo menos treze organizações internacionais. Muitas outras homenagens, títulos e prêmios seriam concedidos ao longo da sua vida e depois da sua morte. Mais de 350 escolas espalhadas pelo Brasil e exterior receberam seu nome, assim como diretórios e centros acadêmicos, grêmios estudantis, teatros, auditórios, bibliotecas, centros de pesquisa, cátedras, ruas, avenidas, praças, monumentos. Paulo inspirou estátuas e pinturas em sua homenagem, também letras de música e o enredo da escola de samba Leandro de Itaquera, em 1999. Inúmeros prêmios e condecorações foram criados em sua homenagem. Em 1993, foi indicado ao prêmio Nobel da Paz.

Em novembro de 2009, Paulo Freire seria reconhecido como anistiado político pela Comissão de Anistia do Ministério da Justiça, dentro do Fórum Mundial de Educação Profissional e Tecnológica, realizado em Brasília. O pedido foi requerido pela viúva Ana Maria de Araújo Freire e foi concedido doze anos depois da sua morte. Na ocasião, o relator do processo, Edson Pistori, afirmou que o perdão ao educador se estenderia a todo brasileiro e brasileira que não sabia ler a sua própria língua, reconhecendo que a perseguição ao educador e sua ausência prejudicaram o país.

Seus livros se espalharam pelo mundo. *Pedagogia do oprimido* foi traduzido para mais de vinte idiomas. Quase todos os títulos de sua obra podem ser encontrados em inglês ou espanhol, alguns em italiano, francês e alemão. Há traduções para valenciano, coreano, japonês, hindi, iídiche, hebraico, sueco, holandês, indonésio, dinamarquês, ucraniano, finlandês, paquistanês e basco. *Pedagogia da autonomia* foi um dos livros mais vendidos de seu tempo no Brasil, atingindo, já em 2005, depois de nove anos do seu lançamento, a marca de 650 mil exemplares comercializados. Seu legado tem se multiplicado em novos textos, estudos sobre sua obra, vídeos, filmes e gravações. Por força de seu testamento, Nita ficou responsável pelos direitos sobre sua obra a partir do seu casamento com Paulo. Os filhos ficaram com a guarda autoral de sua produção anterior.

Depois da morte do educador, Nita organizou a publicação de textos inéditos — artigos, cartas, conferências, testemunhos, depoimentos, ensaios, entrevistas —, reunidos nos volumes: *Pedagogia da indignação*, 2000; *Pedagogia dos sonhos possíveis*, 2001; *Pedagogia da tolerância*, 2004; *Pedagogia do compromisso*, 2008; *Pedagogia da solidariedade*, 2009. Em 2005, publicou o livro *Paulo Freire: Uma história de vida*, um livro autoral com um conjunto grande de informações sobre a vida e a obra do educador, com documentos inéditos e fotos, acompanhado de testemunhos pessoais sobre sua vida com ele.

Vários centros de documentação e de promoção de suas obras podem ser encontrados pelo mundo. Um dos mais importantes é o Instituto Paulo Freire. Fundada em 1992 por brasileiros e estrangeiros, a organização vem desempenhando um papel importante em cuidar do legado do educador e difundi-lo. Tendo à frente o professor Moacir Gadotti, que conheceu Paulo em Genebra e se tornou seu amigo, o instituto multiplicou-se em uma rede com representação em pelo menos quinze países. Em sua sede principal, em São Paulo, mantém aberto para consulta um centro de documentação com boa parte da biblioteca de Paulo e de seus documentos pessoais. Lançou em

1996, ainda antes da morte do educador, *Paulo Freire, uma biobibliografia*, com depoimentos, textos, fotos e testemunhos de mais de oitenta pessoas sobre sua obra, além de compilar uma vasta bibliografia.

Uma importante iniciativa organizada por Danilo Streck, Euclides Redin e Jaime José Zitkoski é o *Dicionário Paulo Freire*. Contando com mais de duzentos verbetes relacionados com a vida e a obra de Paulo Freire, escritos por uma centena de autores convidados, a obra vem a cada edição sendo ampliada e revista, constituindo-se numa importante fonte de referência.

Em junho de 2016, o professor Elliott Green, da London School of Economics, publicou um estudo que mostra que *Pedagogia do oprimido* era então a terceira obra mais citada em trabalhos da área de humanas, segundo um levantamento feito por ele no Google Scholar. Por meio de uma ferramenta criada especificamente para essa finalidade, Green descobriu que Freire já havia sido citado 72 359 vezes, atrás apenas de dois americanos: o filósofo Thomas Kuhn (81 311) e o sociólogo Everett Rogers (72 780). As referências sobre a sua obra eram mais numerosas do que sobre a de pensadores como Michel Foucault (60 700) e Karl Marx (40 237). *Pedagogia do oprimido* é o único título brasileiro a aparecer na lista dos cem livros mais requisitados nas listas de leituras exigidas por universidades de língua inglesa.

Paulo exerceu sua militância político-partidária no Partido dos Trabalhadores e com ele viveu momentos de ascensão e declínio. Quando esteve na Secretaria Municipal de Educação de São Paulo, tinha expectativas de que, se Luiz Inácio Lula da Silva vencesse a eleição à presidência da República em 1989, enfrentando Fernando Collor de Melo, seria convidado para exercer o cargo de ministro da Educação — mas não houve tempo. Quando Lula venceu pela primeira vez, em 2002, Paulo havia morrido há cinco anos. O PT permaneceria no poder por mais três mandatos consecutivos, com a reeleição de Lula e as duas vitórias de sua sucessora, Dilma Rousseff, o último deles interrompido por meio de um polêmico processo de impeachment que a afastou de seu cargo em 31 de agosto de 2016. Em 13 de abril de 2012, Paulo foi intitulado Patrono da Educação Brasileira, por iniciativa da então deputada federal Luiza Erundina, ato que foi sancionado por Dilma Rousseff.

Um ano depois, em 2013, os originais de *Pedagogia do oprimido* chegaram ao Brasil, doados por Jacques Chonchol e Maria Edy Ferreira de Chonchol. O casal, que havia recebido o manuscrito das mãos de Paulo antes de deixar o Chile, teve que se exilar na França por conta do golpe militar que derrubou o presidente Salvador Allende, em 1973. Com a fuga, o manuscrito acabou ficando na casa deles em Santiago. Foi encontrado pela mãe de Jacques, na residência revirada pelos militares, e foi levado a Paris em segurança pela irmã dele. Tempos depois, com a saída dos militares do poder, Jacques voltou ao Chile e levou consigo o manuscrito, que depois doou ao Brasil. Uma edição fac-similar foi publicada em 2013, com o apoio do governo brasileiro, por ocasião das comemorações dos cinquenta anos da experiência de Angicos.

Também em 2013, ano anterior à realização da Copa do Mundo no Brasil e às eleições presidenciais em que Dilma Rousseff se reelegeu, a população tomou as ruas de várias cidades do país. De forma particularmente numerosa na região metropolitana de São Paulo, os manifestantes exigiam a revogação do aumento das passagens do transporte público, que tinham passado de R$3 para R$3,20. Como um rastilho de pólvora, a demanda dos jovens do Movimento Passe Livre detonou um processo reivindicatório muito mais amplo e abrangente, levando às ruas manifestações heterogêneas que se alongaram por todo o mês de junho e em vários estados do país — a onda de protestos depois ficou conhecida como

Jornadas de Junho, cujo ápice aconteceu no dia 20, quando 1,25 milhão de manifestantes saíram às ruas em 130 cidades. Entre os milhares de cartazes havia palavras de ordem por efetivação e manutenção de direitos, por reduções de tarifas e aumentos de salários, mas também contra políticos e partidos que se misturavam em uma confusa diversidade. Nas manifestações, marcadas também por uma ação policial truculenta, lia-se em muitos cartazes: "Não é por 20 centavos" e "Ou acabam com a corrupção ou acabamos com a Copa". De forma semelhante ao que havia se passado na Grécia, na Primavera Árabe, no *Occupy Wall Street* dos Estados Unidos, com os Indignados na Espanha, as manifestações de junho de 2013 no Brasil repetiram estruturas horizontais, sem lideranças claras; no contexto brasileiro, resultaram em um concerto dissonante de demandas tanto progressistas quanto conservadoras. Uma das consequências dos atos foi a queda do apoio popular ao governo Dilma.

No início de 2015, houve uma nova leva intensa de protestos em vários estados do país, dessa vez reivindicando o impeachment de Dilma Rousseff; além de milhares de cartazes contra a corrupção, palavras de ordem machistas e antidemocráticas dominaram a cena, com setores defendendo abertamente uma intervenção militar. As políticas de implementação de direitos, respeito às diversidades e combate à desigualdade, ampliadas nos governos petistas, eram fortemente questionadas, assim como a política econômica desenvolvimentista. Uma onda conservadora tomou conta do país em movimentos e manifestações contra o PT e seus militantes, aumentando a intolerância no debate político.

Os apoiadores de Dilma Rousseff reagiram, mas de forma insuficiente para fazer frente à campanha pelo impeachment, que resultou em seu afastamento do cargo em maio de 2016; em dezembro de 2015, Eduardo Cunha, então presidente da

Câmara dos Deputados, aceitou o pedido de impedimento protocolado pelos advogados Miguel Reale Júnior, Hélio Bicudo e Janaina Paschoal, que acusavam a presidente de improbidade administrativa. Depois de votações na Câmara e no Senado, Dilma foi afastada da presidência.

As palavras de ordem dos manifestantes que apoiavam o impeachment pediam a revisão das políticas de inclusão levadas adiante pelos governos petistas. Entre os cartazes, surgiu a frase: "Chega de doutrinação marxista, basta de Paulo Freire!". A obra de Paulo voltava novamente a ser foco de críticas de setores conservadores e reacionários da sociedade brasileira, empenhados em desqualificar sua imagem junto à do PT, partido que ele havia ajudado a fundar. Amplificadas pelo alcance das redes sociais, irromperam críticas à qualidade literária dos seus textos e à sua pedagogia, acusando-o de proselitismo político em favor da ideologia marxista; Paulo também foi acusado de piorar a qualidade do ensino no país, em postagens que diziam que quanto mais se lia e se estudava Freire nas universidades, mais a educação no Brasil andava para trás; que seus escritos estavam ultrapassados, produzidos quando os "regimes comunistas" ainda governavam; que o lugar de fazer política era nos partidos e não nas escolas, com alunos indefesos e cativos dos professores freirianos.

Um dos principais combatentes das ideias de Paulo Freire, o movimento Escola Sem Partido, surgiu em 2004 e ganhou força depois das Jornadas de Junho. Alinhados com outros grupos conservadores, como o Movimento Brasil Livre e o Revoltados Online, seus militantes foram sistematicamente às ruas para exigir a destituição de Dilma Rousseff. Grupos de apoiadores do movimento Escola Sem Partido estabeleceram como estratégia política aprovar leis nos planos nacional, estadual e municipal para coibir e vigiar a atuação dos professores nas escolas, produzindo um clima de perseguição política e de denuncismo.

A tentativa de desqualificar a obra do educador ganharia um novo capítulo. Uma proposta legislativa patrocinada pelo Movimento Escola sem Partido angariou as 20 mil assinaturas necessárias para que o Senado discutisse retirar o título de Patrono da Educação Brasileira de Paulo Freire. A meta de mobilizar 20 mil apoiadores em quatro meses foi alcançada em apenas um mês e a proposta foi levada para a Comissão de Direitos Humanos e Legislação Participativa do Senado. Diante da pressão exercida por setores da sociedade civil e parlamentares favoráveis à manutenção do título, o pedido não foi aprovado.

Com a vitória de Jair Bolsonaro nas eleições presidenciais de 2018, as críticas ao educador e ao seu pensamento retornariam de forma contundente. Durante sua campanha eleitoral, o candidato afirmou em uma palestra para empresários no Espírito Santo, dois meses antes de ser eleito: "A educação brasileira está afundando. Temos que debater a ideologia de gênero e a escola sem partido. [Vou] Entrar com um lança-chamas no MEC para tirar o Paulo Freire de lá". E complementou: "Eles defendem que tem que ter senso crítico. Vai lá no Japão, vai ver se eles estão preocupados com o pensamento crítico". Em seu programa de governo para a Educação, defendeu expurgar o pensamento do educador das escolas. Setores conservadores da sociedade brasileira, ancorados no alcance das redes sociais, se empenharam novamente em desqualificar e banir a filosofia educacional de Paulo Freire. Carlos Bolsonaro, filho do candidato, vinha atacando o educador no Twitter desde 2016.

Em muitos momentos de sua trajetória, Paulo teve que responder a questionamentos sobre a importância — ou não — da educação para a mudança social, seus limites e possibilidades. Situado no centro de um debate em que alguns acreditavam com veemência no poder da educação para a mudança, e outros viam na escola um espaço para a reprodução dos interesses das elites dominantes, o educador procurava reconhecer essa ambiguidade e mostrar que a escola não era neutra, que expressava uma luta de interesses em sua tarefa de construir um mundo mais justo e acolhedor. Para que isso ocorresse, defendia que os setores progressistas da sociedade deveriam assumir de forma consciente a responsabilidade de fazer a escola cumprir esse papel.

Em 1994, Paulo concedeu uma longa entrevista para as jornalistas Marilene Felinto e Mônica Rodrigues Costa, publicada pela *Folha de S.Paulo* em 29 de maio. Em resposta à pergunta sobre por que seu método não havia erradicado o analfabetismo no Brasil, respondeu:

> Tu sabes que, em tese, o analfabetismo poderia ter sido erradicado com ou sem Paulo Freire. O que faltou, centralmente, foi decisão política. A sociedade brasileira é profundamente autoritária e elitista. Para a classe dominante reconhecer os direitos fundamentais das classes populares não é fácil. Nos anos 60 fui considerado um inimigo de Deus e da pátria, um bandido terrível. Pois bem, hoje eu já não seria mais considerado inimigo de Deus. Você veja o que é a história. Hoje diriam apenas que sou um saudosista das esquerdas. O discurso da classe dominante mudou, mas ela continua não concordando, de jeito nenhum, que as massas populares se tornem lúcidas.

Acusado de comunista nos anos 1960, Paulo não se recusou a responder de forma crítica sobre os abusos do regime, mas em diversas ocasiões reafirmou sua postura socialista. Conforme afirmou na mesma entrevista à *Folha*, o fim do comunismo no Leste Europeu havia representado uma queda necessária, mas não do socialismo; "a queda da moldura autoritária, reacionária, discricionária, stalinista, dentro da qual se pôs o socialismo". E concluiu:

Entre o socialismo e o capitalismo, a diferença fundamental é que o capitalismo tem uma moldura democrático-burguesa. O que presta no capitalismo, no meu entender, não é ele. Para mim, ele é uma malvadez em si mesma. Se se pensa na excelência do capitalismo no Brasil, eu me pergunto: que excelência é esta que produz 33 milhões de famintos? O que o capitalismo tem de bom é apenas a moldura democrática. Um dos maiores erros históricos das esquerdas que se fanatizaram foi antagonizar socialismo e democracia. Por isso, a queda do muro de Berlim é uma espécie de hino à liberdade, muito mais do que um retorno ao capitalismo. A utopia socialista talvez nunca tenha tido uma oportunidade tão bacana quanto hoje, historicamente, para crescer. Porque, de agora em diante, o capitalismo já não pode dizer que a culpa de seus males é do comunismo. Ele tem que assumir a sua responsabilidade.

Um mês antes de morrer, em 1997, Paulo Freire foi questionado sobre sua aproximação com o marxismo na condição de cristão. Como já fizera em outras ocasiões, ele respondeu à TV PUC-SP que não separava a fé das coisas terrenas. Sobre sua fé, citou Miguel de Unamuno, filósofo espanhol, e disse: "As ideias se têm, nas crenças se está. Eu estou na minha fé, eu nunca precisei de argumentações de natureza científica e filosófica para me justificar na minha fé". E prosseguiu:

Quando muito jovem eu fui aos mangues do Recife, aos córregos, aos morros, às zonas rurais de Pernambuco, trabalhar com os camponeses, as camponesas, os favelados. Confesso que fui até lá por uma certa lealdade ao Cristo de quem eu era mais ou menos camarada. Mas quando chego lá, a realidade dura do favelado, do camponês, a negação do seu ser como gente, a tendência àquela adaptação, àquele estado quase inerte diante de negação da liberdade, aquilo tudo me remeteu a Marx. Não foram os camponeses que disseram a mim: Paulo, tu já leste Marx? Não, eles não liam nem jornal, foi a realidade deles que me remeteu a Marx. Quanto mais eu li Marx, tanto mais eu encontrei uma fundamentação objetiva para continuar camarada de Cristo. Então, as leituras que fiz de Marx não me sugeriram jamais que eu deixasse de encontrar Cristo na esquina das próprias favelas. Eu fiquei com Marx na mundanidade e à procura de Cristo na transcendentalidade.

Reafirmou nessa entrevista o que havia dito ao educador Myles Horton, no livro de diálogos *O caminho se faz caminhando: conversas sobre educação e mudança social*: "Minhas reuniões com Marx nunca me sugeriram que parasse de ter reuniões com Cristo".

Paulo deixou um texto inacabado, interrompido pela morte, posteriormente publicado por Nita em *Pedagogia da indignação*. Nele, comentava o assassinato do índio pataxó Galdino Jesus dos Santos, queimado vivo em 1997 por cinco adolescentes na mesma data em que se celebra o Dia do Índio — 19 de abril.

Tocaram fogo no corpo do índio como quem queima uma nulidade. Um trapo imprestável. Para sua crueldade e seu gosto da morte, o índio não era um tu ou um ele. Era aquilo, aquela coisa ali. Uma espécie de sombra inferior no mundo. Inferior e incômoda, incômoda e ofensiva.

Que coisa estranha, brincar de matar índio, de matar gente. Fico a pensar aqui, mergulhado no abismo de uma profunda perplexidade, espantado diante da perversidade intolerável desses moços desgentificando-se, no ambiente em que decresceram em lugar de crescer.

Penso em suas casas, em sua classe social, em sua vizinhança, em sua escola. Penso entre outras coisas mais, no testemunho que lhes deram de pensar e de como pensar. A posição do pobre, do mendigo, do negro, da mulher, do camponês, do operário, do índio neste pensar. Imagino a importância do viver fácil na escala dos seus valores em que a ética maior, a que rege as relações no cotidiano das pessoas terá inexistido por completo. Em seu lugar, a ética do mercado do lucro. As pessoas valendo pelo que ganham.

Se nada disso, a meu juízo, diminui a responsabilidade desses agentes da crueldade, o fato em si de mais esta trágica transgressão da ética nos adverte de como urge que assumamos o dever de lutar pelos princípios éticos mais fundamentais como o respeito à vida dos seres humanos, à vida dos animais, à vida dos pássaros, à vida dos rios e da floresta. Não creio na amorosidade de homens e mulheres, entre os seres humanos, se não nos tornarmos capazes de amar o mundo. A ecologia ganha uma importância fundamental neste fim de século. Ela tem que estar presente em qualquer prática educativa de caráter radical, crítico ou libertador.

Se a educação sozinha não transforma a sociedade, sem ela tampouco a sociedade muda.

Se nossa opção é progressista, se estamos a favor da vida e não da morte, da equidade e não da injustiça, do direito e não do arbítrio, da convivência com o diferente e não de sua negação, não temos outro caminho senão viver plenamente a nossa opção. Encarná-la, diminuindo assim a distância entre o que fizemos e o que fazemos. Desrespeitando os fracos, enganando os incautos, ofendendo a vida, explorando os outros, discriminando o índio, o negro, a mulher, não estarei ajudando meus filhos a serem sérios, justos e amorosos da vida e dos outros.

Referências bibliográficas

Textos de Paulo Freire

FREIRE, Paulo. *Ação cultural para a liberdade e outros escritos*. Rio de Janeiro: Paz e Terra, 1976.

_____. *A educação na cidade*. Prefácio de Moacir Gadotti e Carlos Alberto Torres; notas de Vicente Chel. São Paulo: Cortez, 1991.

_____. *A importância do ato de ler: Em três artigos que se completam*. 2. ed. São Paulo: Autores Associados; Cortez, 1982. (Coleção Polêmicas do Nosso Tempo; 4).

_____. *À sombra desta mangueira*. 10. ed. Prefácio de Ladislau Dowbor; notas e revisão de Ana Maria Araújo Freire. Rio de Janeiro: Civilização Brasileira, 2012.

_____. *Cartas a Cristina: Reflexões sobre minha vida e minha práxis*. 2. ed. São Paulo: Paz e Terra, 2015.

_____. *Cartas à Guiné-Bissau: Registros de uma experiência em processo*. Rio de Janeiro: Paz e Terra, 1977. (O Mundo Hoje, v. 22).

_____. *Conscientização: Teoria e prática da libertação: Uma introdução ao pensamento de Paulo Freire*. Trad. de Kátia de Mello e Silva; revisão técnica de Benedito Eliseu Leite Cintra. São Paulo: Cortez & Moraes, 1979.

_____. *Concientización: Teoría y práctica de la liberación*. Buenos Aires: Búsqueda, 1974.

_____. *Educação como prática da liberdade*. 4. ed. Rio de Janeiro: Paz e Terra, 1974.

_____. *Educação e atualidade brasileira*. 3. ed. São Paulo: Cortez Editora/ Instituto Paulo Freire, 2003.

_____. *Educação e mudança*. Prefácio de Moacir Gadotti; Trad. de Moacir Gadotti e Lillian Lopes Martin. 14. ed. Rio de Janeiro: Paz e Terra, 1979. (Coleção Educação e Comunicação, v. 1).

_____. *El grito manso*. 2. ed. 6. reimpr. Buenos Aires: Siglo Veintiuno Editores, 2016.

_____. *Extensão ou comunicação?* Trad. de Rosiska Darcy de Oliveira. 2. ed. Rio de Janeiro: Paz e Terra, 1975.

_____. *Fichas latinoamericanas*. Buenos Aires: Tierra Nueva, 1974. (ano 1, n. 4)

_____. *Fundamentos revolucionarios de pedagogia popular*. Buenos Aires: Editor 904, 1977.

FREIRE, Paulo. *Las iglesias, la educación y el proceso de liberación humana en la historia*. Trad. de Sergio Paulo da Silva e René Krüger. 4. ed. Buenos Aires: Associación Ediciones La Aurora, 1986.

_____. "Papel da educação na humanização". *Revista Paz e Terra*. Rio de Janeiro: Paz e Terra, 1969. (ano IV, n. 9), pp. 123-32.

_____. *Pedagogia da autonomia: Saberes necessários à prática educativa*. 6. ed. São Paulo: Paz e Terra, 1996. (Coleção Leitura).

_____. *Pedagogia da esperança: Um reencontro com a pedagogia do oprimido*. 2. ed. Rio de Janeiro: Paz e Terra, 1992.

_____. *Pedagogia da indignação: Cartas pedagógicas e outros escritos*. São Paulo: Editora Unesp, 2000.

_____. *Pedagogia da solidariedade*. Gravação, transcrição e tradução de Walter Ferreira de Oliveira; organização e supervisão da tradução de Ana Maria Araújo Freire. 2. ed. São Paulo: Paz e Terra, 2016.

_____. *Pedagogia da tolerância*. Organização, apresentação e notas de Ana Maria Araújo Freire. 5. ed. São Paulo: Paz e Terra, 2016.

_____. *Pedagogía del oprimido*. Trad. de Jorge Mellado. Montevidéu: Tierra Nueva, 1971.

_____. *Pedagogía del oprimido*. Trad. de Jorge Mellado. Buenos Aires: Siglo XXI Argentina Editores; 1973.

_____. *Pedagogia do compromisso: América Latina e educação popular*. Organização, notas e supervisão de Ana Maria Araújo Freire. 1. ed. Indaiatuba: Villa das Letras, 2008. (Coleção Dizer a Palavra, v. 2).

_____. *Pedagogia do oprimido*. 18. ed. Rio de Janeiro: Paz e Terra, 1987.

_____. *Pedagogia do oprimido: (O manuscrito)*. Projeto editorial, organização, revisão e textos introdutórios de Jason Ferreira Mafra, José Eustáquio Romão, Moacir Gadotti. 1. ed. São Paulo: Editora e Livraria Instituto Paulo Freire/ Universidade Nove de Julho (Uninove)/ Ministério da Educação (MEC), 2013.

_____. *Pedagogia dos sonhos possíveis*. Organização Ana Maria Araújo Freire. 1. ed. São Paulo: Paz e Terra, 2014.

_____. *Professora sim, tia não: Cartas a quem ousa ensinar*. 10. ed. São Paulo: Olho d'Água, 2000.

_____; BETTO, Frei. *Essa escola chamada vida: Depoimentos ao repórter Ricardo Kotscho*. 14. ed. 4. reimpr. São Paulo: Ática, 2003. (Série Educação em Ação).

_____; BONDY, Augusto Salazar; GALLI, Leopoldo Chiappo; RAMELLA, Walter Peñaloza. *Educación de adultos*. Buenos Aires: Editorial Apex, 1977.

_____; BRANDÃO, Carlos Rodrigues (Org.) et al. *A questão política da educação popular*. São Paulo: Brasiliense, 1980.

_____; _____ et al. *O educador: Vida e morte*. Rio de Janeiro: Edições Graal, 1982. (Biblioteca de Educação; n. 1).

FREIRE, Paulo; CECCON, Claudius; OLIVEIRA, Miguel Darcy; OLIVEIRA, Rosiska Darcy de. *Vivendo e aprendendo: Experiências do Idac em educação popular*. São Paulo: Brasiliense, 1980.
_____; D'ANTOLA, Arlete et al. *Disciplina na escola: Autoridade versus autoritarismo*. São Paulo: EPU, 1989. (Temas Básicos de Educação e Ensino).
_____; DAMASCENO, Alberto et al. *A educação como ato político partidário*. São Paulo: Cortez, 1988.
_____; et al. *O processo educativo segundo Paulo Freire e Pichon-Rivière*. Participação de Paulo Freire et al. Trad. de Lucia Mathilde Endlich Orth. Petrópolis: Vozes, 1987.
_____; FAUNDEZ, Antonio. *Por uma pedagogia da pergunta*. Rio de Janeiro: Paz e Terra, 1985. (Coleção Educação e Comunicação, v. 15).
_____; GUIMARÃES, Sérgio. *A África ensinando a gente: Angola, Guiné-Bissau, São Tomé e Príncipe*. 2. ed. São Paulo: Paz e Terra, 2011.
_____; _____. *Aprendendo com a própria história*. 3. ed. São Paulo: Paz e Terra, 2010.
_____; _____. *Dialogando com a própria história*. São Paulo: Paz e Terra, 2011.
_____; _____. *Sobre educação: Diálogos*. Vol. 1. Rio de Janeiro: Paz e Terra, 1982.
_____; _____. *Sobre educação: Diálogos*. Vol. 2. Rio de Janeiro: Paz e Terra, 1984.
_____; _____. *Sobre educação: Lições de casa*. São Paulo: Paz e Terra, 2008.
_____; HORTON, Myles. *O caminho se faz caminhando: Conversas sobre educação e mudança social*. 6. ed. Petrópolis: Vozes, 2011.
_____; ILLICH, Ivan; FURTER, Pierre. *Educación para el cambio social*. Introdução de Júlio Barreiro. Buenos Aires: Tierra Nueva, 1974.
_____; MACEDO, Donaldo. *Alfabetização: Leitura do mundo, leitura da palavra*. Trad. de Lólio Lourenço de Oliveira. 7. ed. Rio de Janeiro: Paz e Terra, 2015.
_____; NOGUEIRA, Adriano. *Que fazer: Teoria e prática em educação popular*. 13. ed. Petrópolis: Vozes/ APP-Sindicato; 1994.
_____; _____ (Org.) et al. *Contribuições da interdisciplinaridade: Para a ciência, para a educação, para o trabalho sindical*. Petrópolis: Vozes, 2014.
_____; SHOR, Ira. *Medo e ousadia: O cotidiano do professor*. Trad. de Adriana Lopes. 13. ed. São Paulo: Paz e Terra, 2011.
_____; VANNUCCHI, Aldo (Org.); SANTOS, Wlademir dos. *Paulo Freire ao vivo: Gravação de conferências com debates realizadas na Faculdade de Filosofia, Ciências e Letras de Sorocaba*. São Paulo: Edições Loyola, 1983. (Coleção "educ — ação").

Outros textos

AÇÃO EDUCATIVA (Org.). *A ideologia do movimento Escola Sem Partido: 20 autores desmontam o discurso*. São Paulo: Ação Educativa, 2016.
AMORÓS, Mario. *Allende: La biografía*. 1. ed. Barcelona: Ediciones B, 2013.

ANDREOLA, Balduino A.; RIBEIRO, Mario Bueno. *Andarilho da esperança: Paulo Freire no Conselho Mundial de Igrejas*. São Paulo: Aste, 2005.

AP/Cultura Popular. In: FAVERO, Osmar. *Cultura popular e educação popular: Memória dos anos 60*. Rio de Janeiro: Graal, 1983.

ARRUDA, Marcos. *Educação para uma economia do amor: Educação da práxis e economia solidária*. Prefácio de Gaudêncio Frigotto. Aparecida: Ideias & Letras, 2009.

BARBOSA, Letícia Rameh. *Movimento de cultura popular: Impactos na sociedade pernambucana*. Recife: Edição do autor, 2009.

BEISIEGEL, Celso de Rui. *Paulo Freire*. Recife: Fundação Joaquim Nabuco/ Editora Massangana, 2010.

_____. *Política e educação popular: A teoria e a prática de Paulo Freire no Brasil*. São Paulo: Ática, 1982. (Ensaios; 85).

COSTA, Albertina de Oliveira (Org.) et al. *Memórias das mulheres do exílio*. Rio de Janeiro: Paz e Terra, 1980.

FREIRE, Ana Maria Araújo. *Nita e Paulo: Crônicas de amor*. São Paulo: Editora Olho d'Água, 1998.

_____. *Paulo Freire: Uma história de vida*. 1. ed. Indaiatuba: Villa das Letras, 2006.

_____ (Org.). *Pedagogia da libertação em Paulo Freire*. 2. ed. Rio de Janeiro/ São Paulo: Paz e Terra, 2017.

GADOTTI, Moacir. *Convite à leitura de Paulo Freire*. São Paulo: Scipione. (Série Pensamento e Ação no Magistério).

_____. *Paulo Freire: Uma biobibliografia*. São Paulo: Cortez Editora/ Instituto Paulo Freire; Brasília: Unesco, 1996.

GAJARDO, Marcela. *Paulo Freire sin barba: Crónica de sus años en Chile*. [S.l.]: [s.n.], 2016.

GHIRALDELLI JR., Paulo. *As lições de Paulo Freire, filosofia, educação e política*. Barueri: Manole, 2012.

GÓES, Moacyr de. *De pé no chão também se aprende a ler (1961-1964): Uma escola democrática*. Rio de Janeiro: Civilização Brasileira, 1980. (Educação e Transformação, v. 3).

GUERRA, Marcos; CUNHA, Célio da (Orgs.). *Em aberto*. Brasília: Instituto Nacional de Estudos e Pesquisas Educacionais Anísio Teixeira, 2013. (v. 26, n. 90).

HADDAD, Sérgio. "Paulo Freire e o papel das agências de cooperação europeias no apoio à educação popular no Brasil". *Pro-Posições: revista quadrimestral da Faculdade de Educação — Unicamp*. Campinas: Faculdade de Educação, 2014. (v. 25, n. 3).

HARPER, Babette et al. *Cuidado, escola!: Desigualdade, domesticação e algumas saídas*. São Paulo: Brasiliense, 2006.

HUET, Paulo. *Paulo Freire y los marxistas*. Cidade do México: Editorial Hombre Nuevo, 1974. (Série Verde).

INSTITUTO BRASILEIRO DE GEOGRAFIA E ESTATÍSTICA. *Angicos*. Disponível em: <https://biblioteca.ibge.gov.br/visualizacao/dtbs/riograndedonorte/angicos.pdf>. Acesso em: 14 maio 2019.

LYRA, Carlos. *As quarenta horas de Angicos: Uma experiência pioneira na educação*. São Paulo: Cortez, 1996.

MARICATO, Ermínia et al. *Cidades rebeldes: Passe Livre e as manifestações que tomaram as ruas do Brasil*. 1. ed. São Paulo: Boitempo/ Carta Maior, 2013.

MORAIS, Clodomir Santos. *Cenários da libertação: Paulo Freire na prisão, no exílio e na universidade*. Porto Velho: Edufro, 2009.

NOGUEIRA, Adriano; GERALDI, João W. (Orgs.). *Paulo Freire: Trabalho, comentário, reflexão*. Petrópolis: Vozes, 1990.

OLIVEIRA, Miguel Darcy de. OLIVEIRA, Rosiska Darcy de. *Guiné-Bissau: Reinventar a Educação*. 1. ed. Lisboa: Sá da Costa Editora, 1978. (Cadernos Livres, n. 14).

ORGANIZADORES INSTITUTO PAULO FREIRE E COMISSÃO DE ANISTIA. *Paulo Freire: Anistiado político brasileiro*. Brasília: Comissão de Anistia, Ministério da Justiça; São Paulo: Editora e Livraria Instituto Paulo Freire, 2012.

PAIVA, Vanilda Pereira. *Educação popular e educação de adultos: Contribuição à história da educação brasileira*. São Paulo: Edições Loyola, 1973. (Temas Brasileiros, II).

_____. *Paulo Freire e o nacionalismo desenvolvimentista*. Rio de Janeiro: Editora Civilização Brasileira, 1980. (Educação e Transformação, v. 2).

PASSETTI, Edson. *Conversação libertária com Paulo Freire*. São Paulo: Imaginário, 1998.

RAMALHO, José Ricardo; ESTERCI, Neide (Orgs.) et al. *Militância política e assessoria: Compromisso com as classes populares e resistência à ditadura*. São Leopoldo: Oikos, 2017.

REVISTA BRASILEIRA DE EDUCAÇÃO. Rio de Janeiro: ANPEd (Associação Nacional de Pós-Graduação e Pesquisa em Educação), 2015. (v. 20, n. 63).

ROSAS, Paulo. *Como vejo Paulo Freire*. Recife: Secretaria de Educação, Cultura e Esportes de Pernambuco, 1991.

SCHWARCZ, Lilia M.; STARLING, Heloisa M. *Brasil: Uma biografia*. 1. ed. São Paulo: Companhia das Letras, 2015.

SCOCUGLIA, Afonso Celso. *A história das ideias de Paulo Freire e a atual crise de paradigmas*. João Pessoa: Ed. Universitária UFPB, 1997.

SERVIÇO SOCIAL DA INDÚSTRIA. *Finalidades da criação*. Disponível em: <https://www.sesisp.org.br/institucional/historico/finalidades-da-criacao>. Acesso em: 31 maio 2019.

SILVA TRIVIÑOS, Augusto Nibaldo; ANDREOLA, Balduino Antônio. *Freire e Fiori no exílio: Um projeto pedagógico-político no Chile*. Porto Alegre: Ritter dos Reis, 2001.

SOARES, Leôncio; FÁVERO, Osmar (Orgs.). *Primeiro Encontro Nacional de Alfabetização e Cultura Popular.* Brasília: MEC/Unesco, 2009.
SODRÉ, Nelson Werneck. *A verdade sobre o Iseb.* Rio de Janeiro: Avenir Editora Limitada, 1978. (Coleção Depoimento, v. 4).
SOUZA, Ana Inês (Org.). *Paulo Freire: Vida e obra.* 3. ed. São Paulo: Expressão Popular, 2015.
SOUZA, Luiz Alberto Gómez de Souza. *Um andarilho entre duas fidelidades: Religião e sociedade.* 1. ed. Rio de Janeiro: Ponteiro; Educam, 2015.
STRECK, Danilo R.; REDIN, Euclides; ZITKOSKI, Jaime José (Orgs.). *Dicionário Paulo Freire.* 2. ed. Belo Horizonte: Autêntica Editora, 2010.
TORRES, Carlos Alberto. *Diálogo com Paulo Freire.* Trad. de Monica Mattar Oliva. São Paulo: Edições Loyola, 1979. (Coleção "Paulo Freire"; 2).
TORRES, Rosa Maria (Org.). *Educação Popular: Um encontro com Paulo Freire.* São Paulo: Edições Loyola, 1987. (Coleção Educação Popular; 9).

Jornais

Diário de Natal
Diário de Pernambuco
Diário Oficial
Diário Oficial do Estado de São Paulo
Diário Oficial da Cidade de São Paulo
Folha de S.Paulo
O Estado de S. Paulo
O Globo
Última Hora

Arquivos

Acervo Edgard Leuenroth
Instituto Paulo Freire

Entrevistas

Anivaldo Padilha
Balduino Andreola
Claudius Ceccon
Dagmar Zibas
Francisco Whitaker
Jose Luís Fiori
José Pereira Peixoto
Lisete Arelaro

Luiz Alberto Gomes de Souza
Lutgardes Freire
Manuel Iguiñiz
Marcos Arruda
Miguel Darcy de Oliveira
Osmar Fávero
Pedro Pontual

Lista de pessoas

Adriano Nogueira (1953-): jornalista, educador e professor de filosofia, atuou na Central Única dos Trabalhadores (CUT) e em movimentos sociais. Um dos organizadores das "Jornadas Político-Pedagógicas Paulo Freire", também assina obras com Freire, entre elas *Na escola que fazemos: Uma reflexão interdisciplinar em educação popular*, publicada em 1989.

Alberto Guerreiro Ramos (1915-1982): sociólogo que se debruçou sobre questões raciais, foi deputado federal pelo estado do Rio de Janeiro e membro da delegação brasileira na Organização das Nações Unidas (ONU). Foi também diretor do departamento de Sociologia do Instituto Superior de Estudos Brasileiros (Iseb).

Alceu Amoroso Lima (1893-1983): também conhecido como Tristão de Ataíde, foi crítico literário, professor de literatura e líder católico. Nascido em Petrópolis, tornou-se símbolo nacional de resistência às transgressões e à censura que o regime militar impôs ao povo brasileiro.

Almino Monteiro Álvares Affonso (1929-): advogado, foi o primeiro a ocupar o cargo de ministro do Trabalho e Previdência Social no governo João Goulart. Cassado pelo regime militar, exilou-se por doze anos, passando por Iugoslávia, Uruguai, Chile, Peru, Argentina. Ao retornar ao Brasil, continuou sua carreira política e foi vice-governador de São Paulo, na gestão de Orestes Quércia.

Aluízio Alves (1921-2006): advogado, jornalista e político, foi governador do estado do Rio Grande do Norte entre 1961 e 1966. Teve seus direitos políticos cassados com o AI-5, mas, na condição de empresário, manteve boas relações com o poder. Com a volta do pluripartidarismo, continuou sua carreira política e foi eleito pela sexta vez deputado federal em 1990.

Álvaro Vieira Pinto (1909-1987): intelectual, filósofo, tradutor e membro do Instituto Superior de Estudos Brasileiros (Iseb), no qual lançou a coleção Textos de Filosofia Contemporânea do Iseb. Publicou, em 1960, o livro *Consciência e realidade nacional*. Em 1962, assumiu a direção executiva do instituto.

Amílcar Lopes Cabral (1924-1973): um dos fundadores e líderes do Partido Africano para a Independência da Guiné e Cabo Verde (PAIGC), participou ativamente da luta anticolonial no continente. Foi assassinado em 1973.

Ana Mae Barbosa (1936-): criada em Pernambuco, é educadora, professora universitária e pioneira em arte-educação no Brasil. Desenvolveu, inspirada na obra de Paulo Freire, a Abordagem Triangular, metodologia de trabalho com arte-educação.

André Corsino Tolentino (1946-): doutor pela Universidade de Lisboa, professor universitário e membro do PAIGC, foi ministro da Educação em Cabo Verde.

António Agostinho Neto (1922-1979): médico, esteve à frente do Movimento Popular de Libertação de Angola (MPLA) e liderou as Forças Armadas Populares de Libertação de Angola (Fapla). Em 1975, tornou-se o primeiro presidente de Angola.

Antônio Bernardes de Oliveira (1901-1973): médico, professor universitário, foi presidente da Academia de Medicina de São Paulo e articulista no jornal *O Estado de S. Paulo*.

Antonio Candido de Mello e Souza (1918-2017): sociólogo, crítico literário e professor universitário, um dos intelectuais mais importantes do Brasil. Autor de obras fundamentais como *Formação da literatura brasileira*, publicada pela primeira vez em 1959, fundou o Programa de Pós-Graduação em Teoria Literária e Literatura Comparada da USP.

Antônio Carlos da Silva Muricy (1906-2000): conhecido como general Muricy, foi comandante da 7ª Região Militar e membro do grupo conhecido como 3M, composto por ele e pelos generais Emílio Garrastazu Médici e Jurandir Mamede, responsável por encaminhar a sucessão de Castello Branco, primeiro presidente do regime militar. Em 1969, Médici assumiu o cargo.

Antonio Chizzotti: educador, é professor do Programa de Pós-Graduação em Educação da PUC de São Paulo e pesquisa epistemologia e políticas públicas para a educação.

António de Oliveira Salazar (1889-1970): advogado e político, esteve à frente do poder em Portugal entre 1932 e 1968, como presidente do Conselho de Ministros do Estado Novo.

Antônio Sérgio Arantes Braga Guimarães (1951-): professor, jornalista e mestre em linguística pela Universidade de Lyon II, trabalhou na área de educação em nações de língua portuguesa, colaborando com Paulo Freire e atuando pelo Fundo das Nações Unidas para a Infância (Unicef) em diversos países.

Aristides Maria Pereira (1923-2011): foi o primeiro presidente de Cabo Verde. Em 1956, fundou, com Amílcar Cabral, o Partido Africano para a Independência da Guiné e Cabo Verde (PAIGC).

Artur Carlos Maurício Pestana dos Santos (1941-): mais conhecido por seu pseudônimo Pepetela, é escritor. Lutou no Movimento Popular de Libertação de Angola (MPLA) e aborda em sua obra a história contemporânea de seu país.

Camilo Torres Restrepo (1929-1966): sacerdote católico colombiano, ligado à Teologia da Libertação, procurou fazer um diálogo entre o marxismo e o cristianismo. Participou do Exército de Libertação Nacional (ELN), tendo sido morto em combate.

Carmen St. John Hunter: educadora dedicada ao problema do analfabetismo dos Estados Unidos, coautora de *Adult Illiteracy in the United States: A Report to the Ford Foundation* [Analfabetismo adulto nos Estados Unidos: um estudo para a Fundação Ford], de 1979.

Celso de Rui Beisiegel (1935-2017): cientista social formado pela USP, foi pró-reitor de graduação da universidade e também diretor de sua Faculdade de Educação.

Celso Furtado (1920-2004): economista, foi ministro do Planejamento do governo Jango e integrou a Comissão Econômica para a América Latina (Cepal), no Chile. Por conta do golpe militar, exilou-se em diversos países e foi professor de economia do desenvolvimento e economia latino-americana na Faculdade de Direito e Ciências Econômicas da Sorbonne por vinte anos.

Cid Feijó Sampaio (1910-2010): químico, usineiro e industrial, foi governador do estado de Pernambuco entre 1959 e 1963. Opôs-se ao golpe de 1964, mas depois se filiou à Aliança Renovadora Nacional (Arena) e elegeu-se deputado federal em 1966.

Dagmar Zibas (1936-): pedagoga, com mestrado em pedagogia social e doutorado em educação, foi pesquisadora da Fundação Carlos Chagas de 1983 a 2008, quando se aposentou. Foi assistente de Paulo Freire.

Dilma Rousseff (1947-): duas vezes eleita para a presidência da República, em 2010 e 2014, não chegou a terminar o segundo mandato — em 2016, foi afastada do cargo mediante um processo de impeachment. Por sua oposição ao regime militar, inclusive na luta armada, foi presa em 1970, torturada e teve seus direitos políticos cassados por dezoito anos.

Djalma Maranhão (1915-1971): jornalista e professor, foi por duas vezes prefeito da cidade de Natal, em 1956 e 1960. Com a instauração do regime militar, teve seu segundo mandato cassado. Exilou-se na Embaixada do Uruguai e morreu em Montevidéu, ainda no exílio.

Dom Frei Paulo Evaristo Arns (1921-2016): frade franciscano e cardeal brasileiro, ficou conhecido como o cardeal dos direitos humanos — fundou e liderou a Comissão Justiça e Paz de São Paulo durante a ditadura militar, denunciando os abusos do sistema. Em 1978, convidou Paulo Freire para trabalhar na PUC de São Paulo, instituição da qual foi grão-chanceler.

Donaldo Pereira Macedo (1950-): nascido em Cabo Verde, é linguista e especialista em alfabetização, educação multicultural e pedagogia crítica. É professor na Universidade de Massachusetts, Boston.

Dulce Salles Cunha Braga (1924-2018): cantora, professora de música e literatura e escritora, foi por três vezes vereadora na cidade de São Paulo, deputada estadual e a primeira senadora paulista por indicação dos militares.

Edson Passetti: é professor livre-docente no departamento de Política e no Programa de Pós-Graduação em Ciências Sociais da PUC de São Paulo.

Eduardo Frei Montalva (1922-1982): foi presidente do Chile entre 1964 a 1970, antecessor de Salvador Allende.

Eduardo Suplicy (1941-): economista e professor universitário, é filiado ao PT, do qual foi um dos fundadores. Eleito vereador em 2016 em São Paulo, já ocupou os cargos de deputado estadual, federal e senador.

Emmanuel Mounier (1905-1950): filósofo francês, fundador da revista *Esprit*, cristão, forte influenciador na constituição da Democracia Cristã e no movimento denominado "personalismo".

Emival Ramos Caiado (1918-2004): filiado à União Democrática Nacional (UDN), foi deputado estadual, entre 1951 a 1955, e federal de 1955 a 1971 por Goiás. Foi também senador entre 1971 e 1974 pela Aliança Renovadora Nacional (Arena), partido alinhado ao regime militar.

Ernani Maria Fiori (1914-1985): advogado, foi catedrático de História da Filosofia na Faculdade de Filosofia da Universidade Federal do Rio Grande do Sul. Durante o regime militar, exilou-se no Chile, e lá foi professor da Universidade Católica, instituição em que ocupou o cargo de vice-reitor.

Ernesto Beckmann Geisel (1907-1996): político e militar brasileiro, foi o quarto presidente da ditadura militar, entre 1974 e 1979 — antes, o general havia sido chefe da Casa Militar do presidente Castello Branco. Durante o governo Geisel, iniciou-se o processo de redemocratização do país e a extinção do AI-5.

Fábio Konder Comparato (1936-): jurista e escritor. É professor emérito da Faculdade de Direito da Universidade de São Paulo, da qual foi professor titular.

Fernando Henrique Cardoso (1931-): sociólogo e cientista político, foi o trigésimo quarto presidente do Brasil — ocupou o cargo entre 1995 e 2003. Durante o governo Itamar Franco, foi ministro da Fazenda e chefiou a elaboração do Plano Real.

Flávio Suplicy de Lacerda (1903-1983): engenheiro, foi ministro da Educação durante o governo militar do general Castello Branco. Em sua gestão, estabeleceu um acordo de cooperação com os Estados Unidos de forte orientação tecnocrática, o MEC-Usaid.

Florestan Fernandes (1920-1995): sociólogo, foi deputado federal pelo PT e participou da Assembleia Nacional Constituinte. Foi professor visitante nas universidades Columbia e Yale, professor titular na Universidade de Toronto e, a partir de 1978, professor da PUC de São Paulo.

Francisco Calazans Fernandes (1929-2010): filósofo e jornalista, articulou a implantação do método Paulo Freire na cidade de Angicos durante seu período como secretário de Educação e Cultura do Rio Grande do Norte, na gestão de Aluízio Alves como governador, entre 1961 e 1966.

Francisco Correa Weffort (1937-): cientista político e professor universitário, foi ministro da Cultura do governo Fernando Henrique Cardoso. Em 2018, recebeu o título de Professor Emérito da Universidade de São Paulo.

Frei Betto (1944-): Carlos Alberto Libânio Christo é frade dominicano, jornalista e escritor, e um dos principais nomes da Teologia da Libertação. Preso por duas vezes durante o regime militar, trabalhou até o final da década de 1970 nas Comunidades Eclesiais de Base (CEBs), foi um dos fundadores da Pastoral Operária do ABC e desde 2007 é membro do Conselho Consultivo da Comissão Justiça e Paz de São Paulo.

Germano de Vasconcelos Coelho (1927-): fundador e primeiro presidente do Movimento de Cultura Popular (MCP). Em 1960, foi secretário de Educação e Cultura de Pernambuco no governo Miguel Arraes e duas vezes prefeito de Olinda, eleito em 1977 e 1993.

Getúlio Dornelles Vargas (1883-1954): líder civil da Revolução de 1930, que depôs a República Velha, Vargas foi presidente do Brasil por dois momentos: de 1930 a 1945, com o Governo Provisório, o Constitucional e o Estado Novo, e de 1951 a 1954, quando foi eleito por voto direto e ficou no poder até o momento de seu suicídio.

Gilberto Freyre (1900-1987): sociólogo e escritor, autor de *Casa-Grande & Senzala*, publicado em 1933, foi um dos maiores intérpretes da formação histórico-social brasileira. Durante a Era Vargas, foi perseguido e preso. Participou da luta pela redemocratização e, em 1946, foi eleito deputado constituinte pela UDN. Em 1964, defendeu o golpe militar e aceitou o convite do presidente Castello Branco para integrar o Conselho Federal de Educação. Mais tarde, defendeu a redemocratização.

Gisèle Oeuvray: educadora, fez parte da equipe de trabalho do Instituto de Ação Cultural (Idac) em Guiné-Bissau e atuou ao lado de Elza e Paulo Freire.

Graça Simbine Machel (1945-): política e ativista dos direitos humanos, foi primeira-dama de Moçambique durante o governo de Samora Machel, primeiro presidente do país, que ficou no cargo entre 1975 e 1986, quando morreu. Em 1988, Graça casou-se com Nelson Mandela e tornou-se primeira-dama da África do Sul. Desde 2010, é presidente do Conselho de Administração da Universidade da Cidade do Cabo.

Gregório Lourenço Bezerra (1900-1983): filiado ao Partido Comunista Brasileiro, liderou o levante militar promovido pela Aliança Nacional Libertadora (ANL) em 1935, em Recife. Elegeu-se deputado em 1946 e teve os direitos políticos cassados em 1948. Depois do golpe de 1964, foi preso e torturado pelos militares, e só foi libertado em 1969, em troca do embaixador americano Charles Elbrick, sequestrado por um grupo de oposição armada. Ficou cerca de dez anos exilado na União Soviética, depois de passar um curto período em Cuba. Com a anistia, em 1979, voltou ao Brasil e filiou-se ao Partido do Movimento Democrático Brasileiro (PMDB).

Hélio Ibiapina Lima (1919-2010): general de brigada, presidiu o inquérito policial militar que levou Paulo Freire à prisão em 1964. Em 2014, foi apontado no relatório final da Comissão Nacional da Verdade como um dos 377 agentes do Estado que violou direitos humanos e cometeu crimes durante o regime militar.

Hélio Jaguaribe (1923-2018): advogado, sociólogo, cientista político e escritor, foi um dos intelectuais fundadores do Instituto Brasileiro de Economia, Sociologia e Política (Ibesp). Criticou publicamente o golpe militar e exilou-se nos Estados Unidos, onde lecionou em três universidades: Harvard, Stanford e Massachusetts Institute of Technology (MIT).

Hélio Pellegrino (1924-1988): psicanalista e escritor, apoiou intelectuais durante a ditadura militar e lutou por direitos civis. Colaborou em diversos jornais, como O Pasquim, *Jornal da República* e *Folha de S.Paulo*.

Herbert José de Souza (Betinho) (1935-1997): sociólogo e ativista de direitos humanos, trabalhou intensamente em projetos sociais. Depois do golpe de 1964, exilou-se no Chile, no Canadá e no México. Voltou ao Brasil em 1979, com a instauração da Lei da Anistia, e fundou o Ibase (Instituto Brasileiro de Análises Sociais e Econômicas). Foi também um dos fundadores da campanha nacional pela reforma agrária.

Ira Shor (1945-): professor na Universidade de Staten Island e na Universidade da Cidade de Nova York, trabalha com seus alunos a questão da educação crítica. Com Paulo Freire, escreveu *Medo e ousadia, o cotidiano do professor*.

Irma Rossetto Passoni (1943-): professora, foi deputada estadual e federal e ajudou a articular a criação do Partido dos Trabalhadores (PT), mas se desligou do partido para assessorar Sérgio Motta, ministro das Comunicações do governo Fernando Henrique Cardoso.

Ivan Illich (1926-2002): historiador, o vienense foi um crítico do sistema educacional e de várias instituições da cultura moderna. Conheceu Paulo Freire nos anos 1960, em Recife, e foi fundador do Centro Intercultural de Formação (CIF) e cofundador do Centro de Informação e Documentação (Cidoc), ambos sediados no México.

Jacques Chonchol (1926-): agrônomo, colaborou com a reforma agrária chilena realizada durante o governo Eduardo Frei Montalva. Empregou Paulo Freire quando este chegou ao Chile. Chonchol foi também ministro da Agricultura durante a gestão de Salvador Allende. Com o golpe militar de 1973 no Chile, exilou-se na França, onde lecionou na Universidade de Paris.

Jacques Maritain (1882-1973): filósofo francês de orientação cristã, suas obras influenciaram a constituição da Democracia Cristã.

Jader de Andrade (1886-1931): jornalista pernambucano, foi editor de diversos jornais regionais. Foi também deputado federal por seu estado, entre 1921 e 1923, e assumiu em 1929, durante o governo Estácio Coimbra, a Secretaria de Viação e Obras Públicas e, em 1930, a Secretaria de Agricultura.

Jânio da Silva Quadros (1917-1992): vigésimo segundo presidente do Brasil, assumiu o cargo em 1961 e renunciou após oito meses. Teve seus direitos políticos cassados durante a ditadura militar, mas os recuperou em 1974 e foi eleito prefeito de São Paulo em 1985.

Jesus Soares Pereira (1910-1974): diretor da Companhia Siderúrgica Nacional (CSN) durante o governo João Goulart, teve os direitos políticos cassados com o golpe militar e exilou-se no Chile, onde conheceu Paulo Freire.

João Goulart (1918-1976): também conhecido como Jango, foi presidente da República entre 1961 a 1964 — seu mandato foi encerrado pelo golpe militar. Morreu no exílio, em uma fazenda na pequena cidade de Mercedes, na Argentina.

José Barbosa: metalúrgico, exilado político, integrou a equipe do Idac em Guiné-Bissau.

José Carlos Barreto (1939-2007): educador, fundou com sua esposa, Vera Barreto, e Paulo Freire o Vereda — Centro de Estudos em Educação.

José Carlos Dias (1939-): advogado, foi defensor dos presos políticos durante a ditadura militar; presidiu a Comissão Justiça e Paz da Arquidiocese de São Paulo em 1979 e 1980, foi secretário de Justiça do Estado de São Paulo durante o governo Franco Montoro, entre 1983 e 1987, e ministro da Justiça entre 1999 e 2000, no governo Fernando Henrique Cardoso.

José Luis da Costa Fiori (1947-): professor aposentado de Economia Política Internacional no Instituto de Economia da Universidade Federal do Rio de Janeiro (UFRJ), filho do advogado e filósofo Ernani Maria Fiori. Também exilado no Chile por causa da ditadura militar, colaborou com Paulo Freire.

José Sarney de Araújo Costa (1930-): presidente do Brasil de 1985 a 1990. Antes, havia sido governador do Maranhão, entre 1966 e 1971, e na sequência senador pelo mesmo estado.

Josina Maria Lopes de Godoy: coautora do livro de leituras do Movimento de Cultura Popular (MCP) de Recife. A obra, um "instrumento de cultura para emancipação do povo", foi adaptada para ser usada no projeto de alfabetização em Natal.

Josué Apolônio de Castro (1908-1973): médico, nutrólogo, professor, geógrafo, político ativista do combate à fome. Publicou uma extensa obra sobre o problema da fome no mundo, partindo da perspectiva da fome no Nordeste do Brasil. Foi presidente do Conselho Executivo da Organização das Nações Unidas para Agricultura e Alimentação (FAO) e embaixador brasileiro junto à Organização das Nações Unidas (ONU).

Juanita Castro Ruz (1933-): irmã de Fidel e Raúl Castro, em um primeiro momento apoiou a Revolução Cubana. Quando as posições políticas de seus irmãos se chocaram com os interesses da família, tornou-se agente da Agência Central de Inteligência dos Estados Unidos, a CIA.

Juarez do Nascimento Fernandes Távora (1988-1975): militar e político brasileiro, foi um dos líderes que articulou o processo que resultou no suicídio de Getúlio Vargas. Candidatou-se à presidência, mas perdeu para Juscelino Kubitschek. Em 1962, elegeu-se deputado pelo estado da Guanabara. Foi ministro dos Transportes durante o governo Castello Branco, entre 1964 e 1967.

Julião (Francisco Julião Arruda de Paula) (1915-1999): advogado, escritor e político, atuou como representante jurídico das Ligas Camponesas no Engenho Galileia e foi deputado estadual e federal por Pernambuco. Foi preso em 1964 e exilou-se no México até 1979, quando retornou ao Brasil diante da Lei da Anistia.

Julio Antonio Gastón Durán Neumann (1918-1990): político chileno, concorreu com Eduardo Frei Montalva e Salvador Allende nas eleições presidenciais de 1964 pelo Partido da Democracia Radical.

Júlio Furquim Sambaqui (1906-1982): foi ministro da Educação e Cultura durante o mandato do presidente João Goulart, entre 1961 e 1964. Foi exonerado do MEC por ocasião do golpe militar e substituído por Luís Antônio da Gama e Silva. Em 1980, beneficiado pela Lei da Anistia, obteve a reversão da exoneração e retornou à administração do MEC.

Juscelino Kubitschek de Oliveira (1902-1976): médico, militar e político, Juscelino foi presidente da República entre 1956 e 1961. Responsável pela construção de Brasília, seu discurso desenvolvimentista ficou marcado pela campanha "50 anos em 5".

Karl Mannheim (1893-1947): sociólogo judeu, nascido na Hungria. Suas pesquisas, apesar de inicialmente sob forte influência marxista, rompem com essa linha teórica. Tratou dos estudos educacionais na tentativa de desenvolver uma "teoria da personalidade democrática".

Kimiko Nakano (1943-): educadora, foi uma das responsáveis pelo trabalho do Instituto de Ação Cultural (Idac) em São Tomé e Príncipe, ao lado de sua irmã, a também educadora Marilena Nakano.

Leonel de Moura Brizola (1922-2004): foi governador do Rio de Janeiro e do Rio Grande do Sul, o único político brasileiro a ter governado dois estados diferentes. Exilou-se no Uruguai após o golpe de 1964 e só retornou ao Brasil em 1979, quando fundou o Partido Democrático Trabalhista (PDT).

Louis Althusser (1918-1990): filósofo francês marxista, nascido na Argélia, conhecido pelos seus estudos sobre ideologia e a forma como ocorre a dominação do estado capitalista por meio dos seus aparelhos de controle e veiculação ideológica.

Lúcio Rodrigo Leite Barreto de Lara (1929-2016): também conhecido pelo seu nome de guerra, Tchiweka, foi um dos membros fundadores do Movimento Popular de Libertação de Angola (MPLA). Professor de física e matemática, assumiu a presidência de Angola depois da morte de Agostinho Neto, cargo em que permaneceu por onze dias, até que José Eduardo dos Santos fosse eleito.

Luís de Almeida Cabral (1931-2009): foi o primeiro presidente de Guiné-Bissau. Ocupou o cargo de 1973 a 1980, quando foi deposto por um golpe militar. Exilou-se em Portugal, onde residiu até sua morte, em 2009.

Luís Carlos Prestes (1898-1990): político e militar, foi preso em 1936 junto a sua esposa, Olga Benário, por tentar derrubar o governo Getúlio Vargas via Aliança Nacional Libertadora (ANL). Com o fim do Estado Novo, Prestes foi anistiado e eleito senador, contudo meses depois o registro do PCB foi cancelado e ele teve que retornar à clandestinidade. Identificado com as reformas de base propostas por João Goulart, foi cassado pelo governo militar e viveu oito anos no exílio, passado em Moscou. Retornou ao Brasil em 1979.

Luiz Alberto Gomes de Souza (1935-): advogado, doutor em Sociologia pela Sorbonne, é diretor do Programa de Estudos Avançados em Ciência e Religião da Universidade Candido Mendes. Participa ativamente da Ação Católica.

Luiz Inácio Lula da Silva (1945-): presidente da República por dois mandatos consecutivos, entre 2003 e 2011, foi metalúrgico, líder sindical e o primeiro dirigente do Partido dos Trabalhadores (PT), em 1980. No mesmo ano, Lula foi preso pelo regime militar por sua atuação no Sindicato dos Metalúrgicos de São Bernardo do Campo.

Luiza Erundina de Sousa (1934-): primeira prefeita mulher eleita em São Paulo, em 1988, pelo PT, é hoje filiada ao Partido Socialismo e Liberdade (Psol) e deputada federal pelo estado de São Paulo. Convidou Paulo Freire para ser seu secretário de Educação quando à frente da prefeitura de São Paulo.

Lyndon Baines Johnson (1908-1973): membro do Partido Democrata do Texas, foi o sucessor de John F. Kennedy na presidência dos Estados Unidos. Ocupou o cargo entre 1963 e 1969.

Marcela Gajardo Jiménez: doutora em Sociologia da Educação, é professora universitária em Santiago, no Chile, e cofundadora do Programa de Promoção da Reforma Educativa na América Latina e Caribe (Preal). Assessorou diversas agências de cooperação internacional como a Unesco e a Organização Internacional do Trabalho (OIT) no campo da educação.

Marcos Guerra (1941-): advogado e jornalista, quando estudante de Direito e presidente da União Estadual dos Estudantes, integrou, a pedido de Paulo Freire, a equipe de coordenação dos Círculos de Cultura da Secretaria da Educação do Rio Grande do Norte. Foi exilado depois de 1964.

Marilena Nakano (1947-): com um pós-doutorado pela Université Paris 13, na França, a educadora foi uma das responsáveis pelo trabalho do Instituto de Ação Cultural (Idac) em São Tomé e Príncipe. Professora aposentada do Centro Universitário Fundação Santo André.

Mario Cabral: engenheiro e embaixador, foi responsável pela Comissão de Educação e Cultura em Guiné-Bissau no período pós-colonial e um dos líderes do Partido Africano para a Independência da Guiné e Cabo Verde (PAIGC).

Miguel Arraes de Alencar (1916-2005): economista, advogado e político brasileiro, foi três vezes governador do estado de Pernambuco, deputado estadual, federal e prefeito da cidade de Recife. Exilado durante a ditadura militar, retornou ao Brasil em 1979 por ocasião da Lei da Anistia.

Milton Almeida dos Santos (1926-2001): geógrafo, um dos principais intelectuais do Brasil, focou seus trabalhos nos temas de urbanização do Terceiro Mundo e globalização. Preso depois do golpe de 1964, exilou-se na França, onde foi professor universitário, assim como no Canadá, nos Estados Unidos, na Venezuela e na Tanzânia. Santos foi o único latino-americano a receber o prêmio Vautrin Lud em 1994, o maior de sua área.

Moacir Gadotti (1941-): doutor em Educação, é professor aposentado da Faculdade de Educação da Universidade de São Paulo e diretor do Instituto Paulo Freire, sediado em São Paulo.

Myles Falls Horton (1905-1990): educador norte-americano, um dos fundadores da Highlander Folk School, organização conhecida por atuação no Movimento pelos Direitos Civis. Horton inspirou a militância de diversos de seus alunos, como Martin Luther King Jr., Rosa Parks e John Lewis.

Nadir Gouvêa Kfouri (1913-2011): assistente social e professora, foi reitora da PUC de São Paulo por duas gestões. Ela foi a primeira mulher a se tornar reitora de uma universidade católica no mundo.

Norma Porto Carreiro Coelho: coautora, com Josina Maria Lopes de Godoy, do livro de leituras do Movimento de Cultura Popular (MCP) de Recife. A obra, um "instrumento de cultura para emancipação do povo", foi adaptada para ser usada no projeto de alfabetização em Natal.

Odilon Ribeiro Coutinho (1923-2000): político, usineiro e escritor, elegeu-se deputado federal pelo Rio Grande do Norte em 1962. Fundador do Partido da Social Democracia Brasileira (PSDB).

Osvaldo Bargas: metalúrgico, ex-secretário do Ministério do Trabalho do governo Lula, foi diretor da Central Única dos Trabalhadores (CUT) e do Instituto Cajamar.

Pablo Neruda (1904-1973): poeta e diplomata chileno, foi cônsul-geral do Chile em países como a Espanha e o México. Recebeu o prêmio Lênin da Paz, em 1953, o título de doutor honoris causa pela Universidade de Oxford, em 1965, e o prêmio Nobel de Literatura, em 1971.

Paulo de Tarso Santos (1926-): advogado, foi prefeito do Distrito Federal durante o governo Jânio Quadros e ministro da Educação durante a administração João Goulart, apoiando o programa de alfabetização de Paulo Freire. Com a ditadura militar, exilou-se no Chile, tornando-se uma referência aos brasileiros também cassados recém-chegados ao país.

Paulo Salim Maluf (1931-): engenheiro, duas vezes prefeito da cidade de São Paulo, entre 1969 e 1971 e 1993 e 1996, e governador do estado de São Paulo entre 1979 e 1982, era filiado à Aliança Renovadora Nacional (Arena), partido que hoje é conhecido como Progressistas (PP).

Pedro de Carvalho Pontual (1953-): doutor em Educação pela PUC de São Paulo, desenvolve trabalhos na área da Educação Popular. É presidente honorário do Conselho de Educação Popular da América Latina.

Pierre Furter (1931-): educador suíço, veio ao Brasil estudar o Método Paulo Freire e acompanhar o desenvolvimento da Campanha Nacional de Alfabetização. Desenvolveu conceitos como Educação Permanente e Andragogia e foi perito na Organização das Nações Unidas para a Educação, a Ciência e a Cultura (Unesco).

Plínio de Arruda Sampaio (1930-2014): advogado, foi promotor público, deputado federal constituinte e presidente da Associação Brasileira de Reforma Agrária. Intelectual e ativista político, militou no Partido da Democracia Cristã (PDC), foi filiado ao Partido dos Trabalhadores (PT) e depois ao Partido Socialismo e Liberdade (Psol), pelo qual se candidatou à presidência do Brasil em 2010.

Raymundo Faoro (1925-2003): sociólogo, historiador, jurista, cientista político e escritor brasileiro. Foi presidente da Ordem dos Advogados do Brasil (OAB), de 1977 a 1979, e membro da Academia Brasileira de Letras (ABL).

René Barrientos Ortuño (1919-1969): político e militar boliviano que chegou à presidência do seu país através de um golpe de Estado, em 1964.

Ricardo Kotscho (1948-): jornalista, atuou nas redações dos jornais *O Estado de S. Paulo*, *Folha de S.Paulo*, *Jornal do Brasil*, das revistas *IstoÉ* e *Época* e, na televisão, na TV Globo, Gazeta, SBT, Record e Rede Bandeirantes. De 2003 a 2004, durante o governo Lula, foi secretário de Imprensa e Divulgação da Presidência da República. Tem vinte livros publicados, entre eles *A prática da reportagem* e *Do golpe ao planalto — uma vida de repórter*.

Roberto Saturnino Braga (1931-): engenheiro, trabalhou no Banco Nacional de Desenvolvimento Econômico (BNDE), atual BNDES, e iniciou sua carreira política em 1960, quando se filiou ao Partido Socialista Brasileiro e, dois anos depois, se elegeu deputado federal. Apesar de suas inclinações de esquerda, não foi cassado em 1964, mas os militares impugnaram sua candidatura à reeleição em 1966. Voltou a trabalhar no BNDE e só regressou à carreira política em 1974, eleito senador pelo Rio de Janeiro. Em 2007 encerrou sua trajetória pública.

Rosa Maria Torres del Castillo (1950-): educadora e linguista equatoriana, é diretora do Instituto Fronesis, em Quito. Ex-ministra da Educação e Cultura, foi diretora pedagógica da Campanha de Alfabetização Monseñor Leonidas Proaño, e já ocupou diversos cargos em organismos internacionais, como a Organização das Nações Unidas para a Educação, a Ciência e a Cultura (Unesco).

Rubem Alves (1933-2014): educador, foi também psicanalista e pastor presbiteriano. Um dos teólogos da Teologia da Libertação, foi professor da Universidade Estadual de Campinas (Unicamp).

Salvador Allende (1908-1973): médico, cofundador do Partido Socialista chileno, governou o país entre 1970 e 1973, quando foi destituído por um golpe militar, morrendo durante o ataque ao Palacio de La Moneda.

Samora Moisés Machel (1933-1986): líder revolucionário moçambicano, tornou-se o primeiro presidente do país após a independência. Ficou no cargo entre 1975 e 1986, ano de sua morte em um acidente aéreo. Extremamente popular, ficou conhecido como o "Pai da Nação".

Sérgio Buarque de Holanda (1902-1982): historiador, crítico literário e jornalista, publicou *Raízes do Brasil* em 1936. Foi um dos fundadores do Partido dos Trabalhadores (PT).

Silke Weber (1939-): doutora em Sociologia, é professora emérita da Universidade Federal de Pernambuco (UFPE), onde coordena o grupo de pesquisa Educação e Sociedade.

Steban Strauss: agrônomo, trabalhou com Jacques Chonchol, então presidente do Instituto de Desarrollo Agropecuario (Indap), e foi o responsável por convidar Paulo Freire a sair da Bolívia e ir para o Chile.

Teilhard de Chardin (1881-1955): padre jesuíta, filósofo e teólogo francês. Cursou paleontologia e buscou em seu trabalho integrar a ciência com a teologia.

Thiago de Mello (1926-): poeta, tradutor e diplomata brasileiro, conheceu Paulo Freire durante o exílio do educador no Chile. Escreveu em sua homenagem o poema "Canção para os fonemas da alegria".

Vera Barreto (1941-2013): pedagoga formada pela USP, teve extensa carreira na alfabetização de jovens e adultos, tendo se destacado pela contribuição no debate sobre a educação popular e seu caráter político e emancipador, e por ter sido uma das fundadoras do Vereda — Centro de Estudos em Educação.

Victor Paz Estenssoro (1907-2001): político boliviano cofundador do Movimento Nacionalista Revolucionário, foi eleito para quatro mandatos presidenciais, em 1951, 1960, 1964 e 1985. Seu governo iniciado em 1964 foi interrompido por um golpe militar.

Wilson Cantoni (1926-1977): sociólogo e professor universitário, foi cassado e exilado pelo regime militar de 1964. Durante o exílio, atuou como perito da Organização Internacional do Trabalho (OIT) e deu aulas na Faculdad Latinoamericana de Ciencias Sociales, em Santiago, no Chile.

Wladimir Pomar (1936-): jornalista e escritor, foi um dos fundadores do Partido Comunista do Brasil (PC do B) e do Partido dos Trabalhadores (PT). Durante o regime militar, foi preso e depois atuou clandestinamente até a extinção do AI-5.

Yvonne Khouri (1923-2013): psicóloga e educadora, foi professora do Programa de Pós-Graduação em Educação: Currículo da PUC de São Paulo.

Em alguns casos, não foi possível detalhar datas de nascimento e/ou morte de nomes constantes nesta lista.

Créditos das imagens

pp. 161, 162 (abaixo, à dir.), 163 (abaixo): Acervo pessoal Maria Cristina Freire Bruno

pp. 162 (acima), 163 (acima, à dir.), 164 (à esq.), 168 (abaixo), 169 (abaixo), 173 (abaixo), 179 (acima), 181, 183 (abaixo): Acervo Paulo Freire — Instituto Paulo Freire

pp. 167, 168 (acima, à esq.), 169 (acima), 170-2, 173 (acima), 174-5, 177 (abaixo), 178, 188: Acervo Paulo Freire — Instituto Paulo Freire / Reprodução Nino Andrés

pp. 162 (abaixo, à esq.), 163 (acima, à esq.), 164 (à dir.), 165, 169 (centro): Acervo pessoal Madalena Freire

pp. 166, 176 (abaixo), 182 (abaixo), 185: Acervo pessoal Nita Freire

p. 168 (acima, à dir.): Wilman / Acervo UH / Folhapress

p. 176 (acima): ÖNB / Wien, HEY059202

p. 177 (acima): Brown / Interfoto / Fotoarena

p. 179 (abaixo): Cortesia de Douglas Mansur

p. 180: Marcio Novaes / Acervo Paulo Freire — Instituto Paulo Freire

p. 182 (acima): Acervo Paulo Freire — Instituto Paulo Freire / Reprodução Nino Andrés / Acervo pessoal Nita Freire

p. 183 (acima, à esq. e à dir.): Acervo Claudius Ceccon

p. 184 (à esq.): D.A. Press / Acervo da Fundação Biblioteca Nacional — Brasil

p. 184 (à dir.): Acervo Edgard Leuenroth / Brasil Nunca Mais / Unicamp

p. 186: José Cruz / EBC

p. 187: Beritheia / Fotoarena / Folhapress

© Sérgio Haddad, 2019
Todos os direitos desta edição reservados à Todavia.

Grafia atualizada segundo o Acordo Ortográfico da Língua
Portuguesa de 1990, que entrou em vigor no Brasil em 2009.

capa
Veridiana Scarpelli
tratamento de imagens
Carlos Mesquita
pesquisa iconográfica
Ana Laura Souza
preparação
Tato Coutinho
Sheyla Miranda
checagem
Andressa Tobita
revisão
Livia Azevedo Lima
Tomoe Moroizumi

Dados Internacionais de Catalogação na Publicação (CIP)
— —
Haddad, Sérgio (1949-)
O educador: Um perfil de Paulo Freire: Sérgio Haddad
São Paulo: Todavia, 1ª ed., 2019
256 páginas

ISBN 978-65-80309-27-6

1. Biografia 2. Perfil biográfico 3. Educadores
4. Paulo Freire I. Título

CDD 923.7
— —
Índice para catálogo sistemático:
1. Biografia: Perfil biográfico 923.7

todavia
Rua Luís Anhaia, 44
05433.020 São Paulo SP
T. 55 11. 3094 0500
www.todavialivros.com.br

fonte
Register*
papel
Munken print cream
80 g/m²
impressão
Ipsis